MEDİTASYON

Pegasus Yayınları: 1258

MEDİTASYON
CHRISTOPHE ANDRÉ
Özgün Adı: Méditer Jour Après Jour

Yayın Koordinatörü: Yusuf Tan
Editör: Zeynep Şehiraltı
Düzelti: Halûk Kürşad Kopuzlu
Uygulama: Meral Gök
Grafik Tasarım: Quintin Leeds
Sayfa Tasarımı: Fanny Allemand

Baskı-Cilt: Pasifik Ofset
Sertifika No: 12027
Cihangir Mah. Güvercin Cd. No: 3/1 Baha İş Merkezi A Blok
Haramidere-İstanbul
Tel: 0212 412 17 77

1. Baskı: İstanbul, Ocak 2016
ISBN: 978-605-343-587-7

Yayıncı Sertifika No: 12177
Pegasus Yayıncılık Tic. San. Ltd. Şti.
Gümüşsuyu Mah. Osmanlı Sk. Alara Han
No: 11/9 Taksim / İSTANBUL
Tel: 0212 244 23 50 (pbx) Faks: 0212 244 23 46
www.pegasusyayinlari.com / info@pegasusyayinlari.com

Christophe André

MEDİTASYON

Tam farkındalıkla yaşamak için 25 ders

Fransızcadan Çeviren:

HASAN CAN UTKU

PEGASUS YAYINLARI

Yazar Hakkında

Christophe André yıllardır meditasyonla uğraşan bir psikiyatrdır ve çok satan kitaplara imza atmıştır. Paris'teki Sainte-Anne Hastanesi'nde meditasyon grupları yönetmekte ve hastalarının kendilerini acılarından soyutlamasına ve hayatlarının tadını çıkarabilmesine yardımcı olmaktadır. *Meditasyon* psikiyatri alanında birçok kitap yayınlamış olan André'nin en yaratıcı ve kişisel kitabıdır.

Jon Kabat-Zinn'e, vizyonu için,

Zindel Segal'a bilimi için,

Matthieu Ricard'a örnek olduğu için,

ve her üçüne de bana öğrettikleri ve dostlukları için,

MİNNET DOLU SAYGILARIMLA

"Asıl mucize,
hayatta olmaktır."

THICH NHAT HANH

Tam farkındalıkla yaşamak, şimdiki zamana düzenli olarak sakin bir dikkat atfetmektir. Bu yaklaşım bizim dünyayla olan ilişkimizi kökünden değiştirip acılarımızı dindirebilir, sevinçlerimizi yüceltebilir. Tam farkındalık aynı zamanda (yaşamlarımızda önem taşıyan her şey gibi) çıraklığı kolay ve hızlı olduğu halde ustalaşması yıllar gerektiren bir meditasyon biçiminin de adıdır.

Tam farkındalığa yaklaşabilmek için ilk önce onun neden oluştuğunu ve nasıl uygulandığını anlamak gerekir: bu kitaptaki metinlerde sunulan budur. Daha sonraysa sözcükleri aşarak yalnızca hissetmek, duyumsamak gerekecektir. Bunun için de tablolar size yardımcı olacaktır. En sonundaysa kendi kendinize uygulama ve denemeler yapmanız gerekir. İlerideki sayfalar boyunca bunun için önerilen egzersiz ve tavsiyeleri bulabileceksiniz. Anlamak ve hissetmek. Tekrar tekrar uygulama yapmak. Tam farkındalıkla yaşayabilmenin bundan başka hiçbir sırrı yoktur.

3.

FIRTINALARI AŞMAK: ŞİMDİKİ ZAMANIN SIĞINAĞI

4.

AÇILIŞLAR VE UYANIŞLAR: YOLCULUKLARIN EN BÜYÜĞÜ

ÖNSÖZ

BOŞLUK DEĞİL, MEVCUDİYET

"İlahi olarak düşünceye
dalıyorum,
ve kendi yaratmadığım varlıklara
gülümsüyorum."

GUILLAUME APOLLINAIRE, *Alkoller*

İlk önce sarı bir ışık var, yoğun, dışarıda parıldayan kış güneşinin ışığı. Isıtmadan, gözleri kamaştıran bir güneş. Sonra hareketsiz duran yaşlı adamı fark ediyoruz. Başını çalışma masasından ve üzerinde duran, incelediği kitabından başka tarafa çevirmiş, düşünmek için mi? Dinlenmek için mi? Yoksa meditasyon yapmak için mi? Sonra bakışımız sağa doğru kayıyor ve mahzenin alçak kapısını keşfediyoruz. Sonra döner merdiven dikkatimizi çekiyor. Bakışımız tam ilk basamakları tırmanmaya hazırlanırken ocağın içinde çıtırdamakta olan ateşi ve onu körükleyen kadını fark ediyoruz. Geri dönüp basamakların üzerine doğru bakıyoruz ama karanlıktan başka bir yere çıkamıyoruz.

Tablo küçük, tasvir ettiği yer karanlık ama biz yine de geniş bir alan duygusuna kapılıyoruz. İşte bu, Rembrandt'ın bakışımızı bütün boyutlarda yolculuğa çıkaran dehasıdır. Enine bakılınca sol tarafta parlayan gün ışığıyla sağ taraftaki narin, neredeyse gülünç ateşin ışığı çarpışıyor; ısıtmadan aydınlatan güneş ile aydınlatmadan ısıtan ateşin konuşması; aklın güneşiyle tutkunun ateşi, felsefe yapmak için kullanılacak iki malzeme olabilir mi? Boydan bakınca döner merdiven mahzenin gizli derinliklerini üst katın gizemli karanlıklarına bağlıyor. Derinlik olarak da filozofun oturduğu tablonun fonuyla onu çevreleyen karanlıklar çemberi arasında bir yolculuk.

Meditasyon yapan filozof, Rembrandt Harmensz Van Rijn, (*1606-1669*)
1632, tahta üzerine yağlı boya, 0,28 x 0,34, Louvre Müzesi, Paris

Ancak bu alan duygusunun bir kaynağı da görünenle gizli olan arasındaki incelikli oyundur. Önemli olan bizim ne hayal ettiğimizdir: pencerenin ötesi, mahzen kapısının arkası, merdivenlerin yukarısı. Ve hızlıca bakıp geçen gözlerimizden gizli bu evrenlerin en genişi: Filozofun zihni, iç dünyası. Karanlıklar ve alaca karanlıklar, biraz ışık, biraz sıcaklık. Ve çalışmakta olan bir zihin. İçimizdeki dünya buna mı benziyor?

Meditasyon yapmak durmaktır

Durmak, hareket etmemek, kımıldamamak. Biraz geriye çekilerek dünyaya mesafeli durmak.

Hissettiğimiz şey başlangıçta tuhaf bir histir: Bir boşluk (eylemin, dikkat dağılmasının boşluğu) ve bir de doluluk (birdenbire farkına vardığımız düşünce ve duyuların kargaşası) vardır. Bizde eksik olan bir şey vardır: Belirleyici noktalar ve yapılacak şeyler. Bir süre sonraysa bu eksiklikten kaynaklanan rahatlama gelir. İşler, zihnimizin sürekli bir nesneye ya da bir tasarıya takılı bulunduğu "dışımızda" olduğu gibi gelişmez; harekete geçmek, belli bir konu üzerinde düşünmek, dikkatin dağılması gibi.

Meditasyon deneyiminin görünürdeki bu eylemsizliği içinde bir süre sonra alışmaya, biraz daha berrak görmeye başlarız. Tabloda olduğu gibi. Işıktan gölgeye geçtiğimiz zaman olduğu gibi. Aslında kendi içimize girmişizdir. O her zaman çok yakınımızdadır ama biz içine hiç girmemişizdir. Onun yerine dışarıda dolaşıp durmuşuzdur: İçinde bulunduğumuz dizginsiz talepler ve zorlama bağlantılar çağında kendimizle aramızdaki bağ çoğu zaman el değmeden kalır. İç dünyalar terk edilmiştir... Dış dünyalar daha kolaydır, yolları daha çok işaretlenmiştir. Oysa meditasyon deneyimi çoğunlukla patikaları olmayan bir yoldur. Filozofun meditasyon yaptığı odanın içinde az ışık var, bu yüzden gözlerimizi daha çok açmamız gerekir. Kendi içimizde de durum böyledir: kanıtlar ve güvenceler dışarıdakilerden daha azdır, bu da ruhumuzun gözlerini daha fazla açmamızı gerektirir.

Düşünüyorduk, huzuru, boşluğu bulmayı umuyorduk. Karşılaştığımız şey ise çoğu zaman büyük bir şamata, bir curcuna, bir kargaşaydı. Berraklık umuyorduk, kafa karışıklığı bulduk. Kimi zaman meditasyon yapmak bizi iç sıkıntısıyla, acıyla, bize acı çektiren ve bizim başka şeyler düşünerek, başka yerlere giderek kaçınmaya çalıştığımız şeyle yüzleştirir.

Huzursuzluğu yatıştırmak

Dışarıdan bakılınca ne kadar da kolay görünüyordu! Oturup gözlerini yummanın yeterli olacağını sanıyorduk. Oysa bu yalnızca bir başlangıçtır, vazgeçilmez bir başlangıçtır ama yeterli değildir. O halde? O halde denemek gerekecek, bakmayı öğrenmek, orada kalmayı, dünyanın hafifçe dışında, bu şekilde gözleri kapalı oturup kalmayı öğrenmek gerekecek. Kargaşanın dinmesine izin vermeyi öğrenmek.

Aşılması gereken ilk aşama şudur: Ruhumuzdaki gevezeliğin bir çeşit sakinlik tarafından sarılmasına yetecek kadar bir süre sessiz ve hareketsiz kalarak içimizi biraz daha berrak görmeye başlamamızı sağlamak. Zorlamadan, istemeden; yoksa kargaşa yeniden başlayacaktır. Bırakmak ve içimizden gelmesine izin vermek…

Aslında kendi içimize girmişizdir. O her zaman çok yakınımızdadır ama biz içine hiç girmemişizdir.

Kimi zaman uzun süre beklemek gerekir. Bu hareketi hızlandıramayız. İsterdik ama olmaz: Meditasyon zaman alan bir şeydir. Hatta günlerce hiçbir şey gelmeyebilir. Rezalet, değil mi? Üstelik günümüzün anında gerçekleşme ve garantili sonuç vaatleri çağına da hiç mi hiç uymuyor. Zen bilgeleri bu konuda hikâyeler anlatırlar. Örneğin birinde bir öğrenci ustasına sorar: "Üstat, huzura kavuşabilmem için ne kadar zaman meditasyon yapmam gerekecek?" Uzun bir sessizlikten sonra ustası şöyle yanıtlar: "Otuz yıl." Öğrenci bozulur: "Ah, çok uzun zamanmış. Peki ya elimi çabuk tutsam, gece gündüz hiç durmadan çalışsam, bundan başka hiçbir şey yapmasam?" Üstat sessizliğini uzun bir süre koruduktan sonra şöyle demiş: "O zaman elli yıl."

İçeriyi daha berrak görmeye başlamak

Durduk, oturduk ve gözlerimizi yumduk. Uyumak için değil, dinlenmek için değil, anlamak için; ne hissettiğimizi anlamak, içimizdeki dünyanın yankısından ibaret olan o kargaşayı berraklaştırmak için. İki yol bulunduğunu anlamak için: Zekânın yolu (müdahale etmek, harekete geçmek, irademiz, aklımız ve çabalarımızla gerçekliği yoğurmak) ve deneyimin yolu (gerçekliği çırılçıplak karşılamak ve yoğun biçimde dikkatli bir kontrolü bırakma hareketiyle onun bizi örtmesine, içine almasına, içimize girmesine izin vermek).

Zekâ olsun, deneyim olsun, her iki durumda da dünya ile bağlantı içinde kalırız. Onu daha iyi anlamak ya da daha iyi hissetmek için. Bu iki yol da kendi açısından kusursuzdur. Birinin diğerine göre üstünlüğü yoktur. Biz

her ikisine de gereksinim duyarız. Her ikisini de çalışır halde, canlı tutmaya ihtiyacımız vardır.

Bunu daha kolay hale getirmek için ilk yolun felsefi düşüncenin yolu olduğunu söyleyelim. İkincisiyse (dünyayı ille de onu düşünmeden ya da düşünerek ama sözcüklerle değil, sözcüklerin ötesinde düşünerek karşılamak) tam farkındalığın yolu olsun. İşte bu kitapta bizi tam farkındalık içindeki bu meditasyon yaklaşımı ilgilendiriyor.

Tam farkındalık içinde var olmak

Tam farkındalık, eylem ya da düşünce yoluyla şimdiki zamandan kaçınmak ya da onu değişikliğe uğratmayı istemek yerine onun içindeki varlığımızı yoğunlaştırmaktan, onun içine iyice girebilmek için hareketsiz kalmaktan ibarettir.

Tam farkındalık bir an için düşünce ve çalışmalarından uzaklaşarak başka bir boyuta geçen filozofun bu hareketindedir; sindirmek, zekânızın az önce ürettiği ya da keşfettiği şeyi özümsemek. Belki bunun da ötesine geçmeye hazırlanmak. Farkına varabilmek için durmak.

Tam farkındalık ne zihni boşaltmak ne de düşünce üretmektir. Yaşamaya devam etmekte olduğumuza göre hâlâ hareket halinde olan deneyimle temas kurabilmek için durmaktır: Bu deneyimle ilişkimizin doğasını, bu an içindeki mevcudiyetimizin doğasını gözlemlemek için durmak.

Eğer siz bu satırları yavaşça okumaya devam ederken bir yandan da nefes alıp vermekte olduğunuzu, bedeninizde bir şeyler hissettiğinizi, görüş alanınız içinde bu kitaptan başka nesneler bulunduğunu, çevrenizde sesler olduğunu, sizi başka yerlere çağıran ya da kulağınıza okumakta olduklarınızla ilgili değerlendirme ve yargılar fısıldayan düşünceleriniz bulunduğunu vs. fark ediyorsanız şu anda da olan budur.

Tam farkındalık, bu sayfayı çevirip bir sonrakine geçmeye hazırlandığınız anda (belki de siz bu satırları okumayı bile bitirmeden eliniz çevirmeye hazırdır) hareketinizi durdurup gözlemlemektir: İçinizde şimdiden var olan sayfa çevirme niyetini gözlemlemek. Bu hareketi farkına bile varmaksızın yapmak yerine kendinize "sayfayı çeviriyorum" demektir. Tam farkındalık budur işte: Zaman zaman kendinin "ne yaptığını görmek" için küçücük bir alan yaratmak. Bana sayfayı çevirmek için bunun vazgeçilmez bir şey olmadığını söyleyebilirsiniz. Doğrudur. Ancak bu, yaşamımızın başka anlarında bizim için çok yararlı olacaktır.

I.

FARKINDALIK KAZANMAK:

ZİHİNSEL BİR YAKLAŞIM

"Demek ki zihin ne ileriye ne de geriye bakar.
Mutluluğumuz yalnızca şu andır."

GOETHE, *Faust II*

ŞİMDİKİ ZAMANI YAŞAMAK

Gördüğünüz şimdiki zaman, yalnızca şu an. Biraz sonra başka bir şey olacak; saksağan havalanacak, güneş gökyüzünde yükselecek, çitin gölgesi geri çekilecek... Ne daha iyi ne de daha kötü, yalnızca farklı olacak. İşte bu yüzden, şimdi adımlarımızı durdurmamız gerekir, burnumuzun içini gıdıklayan soğuk havayı hissetmek, zayıflamış sesleri dinlemek, kar güneşinin bu inanılmaz ışıklarını seyretmek. Olabildiğince uzun süre burada kalıp özel hiçbir şeyin olmasını beklememek. Kesinlikle hiçbir şey beklememek. Yalnızca burada durup şu anın sayısız zenginliğini algılayabilmek için elimizden geleni yapmak: Hafif, yumuşak bir ses çıkararak ağaçlardan düşen kar parçalarını, çitin gölgesinin mavimsi beyazlığını, güneşte bir parça sıcaklık arayan saksağanın küçük hareketlerini. Her şey mükemmel, bu anın içimizi doldurması için eksik olan hiçbir şey yok.

Tam farkındalıkla, bu sıradan ve ışıltılı zarafet anının içinde bulunmaya kendimizi teslim etmek için.

Saksağan, Claude Monet (*1840-1926*)
1868-1869, tuval üzerine yağlı boya, 0,89 x 1,30 m, D'Orsay Müzesi, Paris

"Böyle bir kış gününü mükemmel yapmak için pırıl pırıl, açık bir hava, biraz kar parıltısı, yeteri kadar soğuk, ya çok az ya da hiç rüzgâr olmaması gerekir, sıcaklıksa sadece güneşten gelmelidir. Buzları eritecek bir sıcaklık değil. Doğanın gerilimi hiç gevşememelidir."

HENRY DAVID THOREAU, *Journal of Henry David Thoreau* (Henry David Thoreau'nun Günlükleri, Şubat 1854)

Şimdiki zamanın içinde bulunmaya karar vermek

Tam farkındalığın bize öğrettiği şey gözlerimizi açmamızdır. Bu önemli bir eylemdir, çünkü çevremizde sürekli ihmal etmekte olduğumuz dünyalar bulunmaktadır. Burada ve şimdi. Eylemlerimizin ya da düşüncelerimizin otomatik gidişatını durdurarak onların içine girebiliriz.

Şimdiki zamandaki dünyalarının içine girmemizi kolaylaştıran şeyler dış nimetlerdir elbette, Monet'nin tablosundaki güneş, kar ve saksağan gibi. Ama yaşamın bize dokunmasına, temas etmesine, çarpmasına izin verecek konuma geçmek için adım atmaya olabildiğince sık karar vermek de önemlidir. Burada söz konusu olan istemli bir farkındalık eylemidir, zihnimizin kapısını orada bulunan her şeye açmaktır. Kendimizi içimizdeki korunaklı kalelerden herhangi birinin sığınağında tutmaktan vazgeçmektir: kuruntularımız, düşüncelerimiz, kesinliğine inandıklarımız ve beklentilerimiz.

Bu eylem bir özgürleşme eylemidir. Gelecek ya da geçmişe dair düşüncelerimizden özgürleşme eylemi: Tam farkındalık bizi şimdiki zamana taşır. Değer yargılarımızdan özgür kalma: Tam farkındalık bizi mevcudiyete taşır. Zihnimiz pek çok şeyle tıka basa doludur! Kimileri önemli, kimileri yararlı. Kimileriyse tamamen boş ve gereksizdir. Bunlar hem görüşümüze hem de dünyayla aramızdaki bağa birer engeldir. Geçmişe ve geleceğe gerek duyarız, anılar ve tasarılar bizim için gereklidir. Ama aynı zamanda şimdiki zamana da gereksinimimiz vardır. Geçmiş önemlidir, gelecek önemlidir. Şimdiki zamanın felsefesi, onun geçmişe ya da geleceğe göre üstün olduğunu savunmak anlamına gelmez. Yalnızca o diğer-

lerinden daha kırılgan olduğu için korunmalıdır çünkü çok yoğun olduğumuzda ve zihnimiz dolup taştığında farkındalığımızdan uçup giden o olacaktır. Bu yüzden de var olabilmesi için ona alan vermemiz gereklidir.

Düşünmek yerine hissetmek: derin farkındalık

Tam farkındalıkla meditasyon yapmak şimdiki zamanı çözümlemek değildir, en azından sanıldığı şekliyle. Sözcükleri kullanmadan, onu bütün bedeninizle hissetmek, duyumsamaktır. Yaşamımızdaki anlarının içinden geçmek için bu şekilde dilden kalıcı olarak vazgeçmek ne alışıldık ne de rahat bir şeydir. Kolay da değildir:

Konuşmamak yine gerçekleştirilebilecek bir durumdur, ya düşünmemek! Yalnızca hissetmek, bağlantı kurmak. Oysa aslında hepimiz bu deneyimi yaşadık. Bu durumda neler olduğu ve bunun sözcüklerin ötesine nasıl geçtiği, Avusturyalı yazar Hugo von Hofmannsthal'ın muhteşem kısa romanı *Ein Brief* (Lord Chantos'un Mektubu)'ten alınan şu parçada tam olarak anlatılmaktadır: "O zamandan beri sürdürmekte olduğum varoluşu korkarım ki zihninizde canlandırmakta güçlük çekeceksiniz çünkü tamamen zihin dışında ve hiçbir düşünce taşımıyor. [...] Bu mutlu anların nasıl olduğunu size betimleyebilmem pek kolay değil, bir kere daha sözcükler beni terk ediyor. Çünkü bu şeyin bir adı yok ve zaten ona bir ad konması da mümkün değil, bu anlarda içimde uyanan şey gündelik yaşantımda çevremi saran görüntü her ne olursa olsun coşku dolu bir yaşamın taşkın seliyle beni bir vazo gibi dolduruyor. Bir örnek vermeksizin sizden beni anlamanızı bekleyemem, ayrıca bu çağrışımların çocuksuluğundan dolayı da hoşgörünüze sığınmak zorundayım. Süzgeçli bir kova, bir tarlada terk edilmiş bir tırmık, güneşe çıkmış bir köpek, sefil bir mezarlık, bir sakat, küçük bir köylü evi, bütün bunlar esinlerimin vasıtası haline gelebiliyorlar. Bu nesnelerden her biri ya da sıradan bir gözün apaçık bir kayıtsızlıkla yüz çevirebileceği daha başka binlerce şey benim için bir anda, benim kesinlikle belirleyemediğim bir zamanda birdenbire öyle yüce ve heyecan verici bir özelliğe bürünebiliyor ki bu durumu dile getirmek için bulabildiğim bütün sözcükler yetersiz kalıyor."

"Tam farkındalık gördüğüne tepki vermez. Yalnızca görür ve sözcükler olmadan anlar," diyordu bir Budist üstadı. Belli zamanlarda sözcüklerin bize büyük yardımı dokunabilir: Bir acının ya da sevincin adını koymak ona katlanmamızı, onu aşmamızı, anlamamızı ya da onun tadını çıkarmamızı kolaylaştırabilir. Ancak kimi zaman da hissettiklerimizin karmaşıklığını ifade etmekte hiçbir işimize yaramayabilir, hatta deneyimimizi engelleyebilir, yanıltabilir, mahvedebilir. Kimi anlarda hiçbir şey söylememek daha iyidir. Böyle zamanlarda gerçeğin içinden farklı biçimde geçmeyi kabul etmek gerekir; hissederek, duyumsayarak. Bu şekilde zihnimizin yoğun biçimde çalıştığı ama istemli olarak hiçbir düşünce üretmediği, yalnızca deneyim içinde kaldığı özel durumu betimlemek için "derin farkındalık" deyişini kullanırız.

Deneyimin yoğun tadı

Bir tam farkındalık toplantısı sırasında eğitmenimizin bize, sırrına meditasyon ustalarının vakıf olduğu o tuhaf alıştırmalardan birini yaptırdığını hatırlıyorum. Bizi çember haline getirmişti. Sonra da öne doğru bir adım atmamızı istedi. Birkaç saniye sessizlikten sonraysa bize şöyle dedi: "Şimdi de bu adımı atmamış olmaya çalışın." Kimi pişmanlıkların ne kadar boş olduğunu daha önce hiç bu kadar çarpıcı biçimde duymamış ya da yaşamamıştım. Ayrıca sözle öğretmek ve deneyim yoluyla öğretmek arasındaki farkı da hiç bu kadar açık biçimde anlamamıştım. Şaşkınlığımın, hayretimin, zihnimin duraksamasının ve bulanıklığının içinde, ne yapacağını şaşırmış olan bedenimle yaptığımı silmenin olanaksızlığı ve pişmanlığın yararsızlığına dair her şey bir anda belirmişti…

Tam farkındalık bize deneyimin de bilgi kadar önemli olduğunu öğretir; tam farkındalık hakkında okuma yapmak onu uygulamakla aynı şey değildir. İçeriğini tanımak için bir meditasyon egzersizi CD'sini dinlemek bu egzersizleri yapmakla aynı anlama gelmez.

Gerçeğe ulaşmanın yolu olarak deneyim, bilginin, aklın ya da zekânın yerini alamaz ama onları tamamlar. Üstelik deneyim kadar basit bir şey de yoktur, yalnızca buna zaman ayırmak yeter; hissetmek için yalnızca durmak gerekir o kadar. Bakmak, dinlemek, duymak için eylemlerimizi ya da hareketlerimizi askıya almamız yeterlidir. Bunu yapın. Şimdi. Okumayı bırakın. Okumayı bırakıp gözlerinizi kapatın ve farkına varın. Yalnızca şimdi ve burada olan deneyimimizin nelerden oluştuğuna dikkat edin. Bir dakikalığına, şimdi, hemen. Bunu sizin yerinize başka kimse, hiç kimse yapamaz. Ve kesinlikle kimse, hiç kimse sizin yerinize meditasyon yapamaz. Gözlerinizi kapatın.

Ders 1

Yaşamak, şimdiki zamanı yaşamaktır. Ne geçmişte ne de gelecekte yaşayabiliriz; onları yalnızca düşünebilir, tahmin edebilir, pişmanlıklarımızı, umutlarımızı, korkularımızı tekrar tekrar gündeme getirebiliriz. Bunları yaptığımızda da var olmayı bırakırız. Kendimizi düzenli olarak yaşama anlarımızın zenginliğine teslim etmek daha çok yaşamak anlamına gelir. Bunu biliyoruz elbette, duyduk ve okuduk, hatta bunu düşündük bile. Ancak bütün bunlar kuru laftan ibarettir: Oysa bunu hemen şimdi yapmak gerekir, ciddi olarak! Şimdiki zamanın deneyiminin yerini hiçbir şey tutamaz.

NEFES ALMAK

Hiçbir şey olmuyor. Ne bir anlatı ne bir ileti var. Bayrak direğinin tepesinde tek başına, kâğıttan bir sazan balığı. Onunla alaca karanlığın serinliğini hissediyoruz. Onunla şehrin uğultusunu duyuyoruz. Muhteşem ve gizemli Kyoto şehrine yukarıdan bakıyoruz, yoldan geçerek evlerine dönmekte olan insanların hareketlerini izler gibi duran taştan bir aslanın ve biraz daha gerideki başka bir bayrak direğine asılı olan ikinci bir sazanın eşliğinde.
Hiçbir şey olmuyor. Yalnızca iki balığın kâğıttan vücutlarının rüzgârda hışırdamasını duyuyoruz. Sazanların içinden geçerken onları şişirerek balıklara geçici bir yaşam üfleyen akşam esintisinin serinliğini tenimizde duyuyoruz. Belki de yarın bu esinti onları terk edecek ya da belki yırtacak. Ancak şu anda oradalar, yukarıda, gökyüzündeler ve gururla dalgalanıyorlar.
Hiçbir şey olmuyor. Rüzgâr var. Boşluk var. Ancak geçici olan bu boşluk ruhumuzun biraz daha iyi nefes almasını sağlıyor. Resmin içindeki rüzgâr her ne kadar görünmez olsa da mevcut.

Tıpkı soluğun bedenimizdeki mevcudiyeti gibi.

Kyoto'da Sazan Şeklinde Bayraklar,
Louis Dumoulin (*1860-1924*)
1888, tuval üzerine yağlı boya, 0,46 x 0,53 m, Boston Güzel Sanatlar Müzesi

"Yel dilediği yerde eser,
sesini işitirsin ama nereden gelip
nereye gittiğini bilemezsin."

İNCİL, YUHANNA, 3:8

Nefes, meditasyonun merkezi

Eskiden beri nefes almak meditasyon uygulamaları içinde merkezî bir yer kaplamaktadır. Çünkü bu, şimdiki zamanla temas kurmanın (ya da temas kurmakta güçlük çektiğinin farkına varabilmenin) en güçlü yoludur. Bu nedenledir ki yeni başlayanlara verdiğimiz en basit ve en etkili tavsiyelerden biri gün içinde birkaç defa nefes alıp vermeye, her seferinde iki ya da üç dakika boyunca yalnızca solumaya zaman ayırmalarıdır.

Nefese verilen bu önemin birden fazla nedeni bulunuyor. Uygulamanın nesnesinin dikkatinizi kaybettirmemesi gerektiği için "hareketli bir hedef" üzerine yoğunlaşmakta yarar vardır: Dikkatimizi aşırı derecede yormaksızın sabit tutabilmek için orada kalıcı olan ama hiçbir zaman hareketsiz kalmayan bir nesne seçmemiz işimizi kolaylaştırır. Denizin dalgaları, ateşin alevleri ya da bulutların geçişi karşısında uzun zaman boyunca uyanık ve büyülenmiş olarak kalabilmemiz bundandır; onlar daima oradadırlar ama asla aynı kalmazlar. İşte nefesimiz de aynen böyledir: Daima burada ama sürekli hareketli. Hiçbir nefes ne bir öncekinin ne de bir sonrakinin tıpatıp aynısıdır. Elbette işin bir de simgesel yönü bulunuyor: Nefes yaşamdır.

Nefesin başka bir ilginç tarafıysa onu yavaşlatıp hızlandırmak yoluyla üzerinde göreceli ama gerçek bir kontrole sahip olmamızdır. Bedenimizin otomatik işlevlerinin çoğunda durum hiç de böyle değildir: Kalp atışımızı ya da damarlarımızdaki kan basıncını değiştirmemiz zordur, sindirimimizi hızlandırıp yavaşlatmamızsa neredeyse imkânsızdır! Nefes üzerinde

çalışmamız yararlıdır çünkü bunun duygularımız üzerinde de etkisi olmaktadır

Nefes yoluyla kendimizi yatıştırabiliriz. Onu kontrol altına alarak değil ama tevazu ile ona uyum göstererek, usulca ona eşlik ederek. Acı verici bir duyguyu kabullenmenin deneyimini bir yandan onu gözlemlerken yalnızca nefes alıp vermekle yetinerek yaşamak, ileride sözünü edeceğimiz irade ile kendini bırakma arasındaki diyalektiğe büyük bir başlangıç yapmak demektir. İyi olmadığımız zamanlarda, bir bunalım ya da anksiyete içinde bulunduğumuzda nefes almakta da güçlük çekeriz. Böyle anlarda nefesimiz üzerinde çalışmamız ne bütün sorunlarımızı çözer ne de çektiğimiz bütün acıları ortadan kaldırır ama yine de her zaman için bir rahatlama, hafifleme sağlar. Neden bundan yoksun kalalım?

Nefesin dersleri

Hıristiyanlar İsa'nın felçli birine, "ayağa kalk ve yürü," dediğini iyi bilirler. Ben de zaman zaman Buda'nın kendisinden öğüt istemeye gelmiş endişeli birine benzer bir yanıt verdiğini hayal etmekten hoşlanırım: "Dur ve nefes alıp ver." Nefesten alınacak dersler o kadar çoktur ki...

Bir farkındalık dersi: Nefes görünmezdir, varlığını sürekli unuturuz. Oysa işlevi yaşamsaldır, nefes almaya mutlak bir gereksinim duyarız. Bunun gibi yaşamımızda bize destek olan ama bizim farkında olmadığımız pek çok şey bulunur.

Bir bağımlılık ve kırılganlık dersi: Nefese duyduğumuz gereksinim, yemeye, içmeye, sevmeye ya da sevilmeye, yani diğer besinlerimize olan gereksinimimizden çok

Nefes yoluyla kendimizi yatıştırabiliriz. Onu kontrol altına alarak değil ama tevazu ile ona uyum göstererek, usulca ona eşlik ederek.

daha açık ve acildir. Nefes bize bağımlı olduğumuz pek çok şeyin yaşamamız için bize destek olduğunu öğretir. Ancak bu bağlar bizi oluşturur ve besler. Bağ ve bağımlı olma durumu kimi zaman kaygılı kişileri endişelendirir: "Ya bütün bunlar elimden alınırsa? Ya bir gün nefes almayı bırakırsam?" Bu yüzden de onu unutmaya çalışırlar. Kuşkusuz çözüm, yaşamımızın nefesimize bağlı olduğu düşüncesini derinlere bastırmak değildir. Tersine bu fikri bir gerçeklik olarak kabul etmemiz, onu sıklıkla gözlemlememiz, onun zihnimizin içinde özgürce gezinmesine izin vermemiz gerekir. Ona ne kadar aşina olursak, içinde taşıdığı kaygıyı da o kadar hafifletebiliriz.

Bir ince farklılık dersi: Nefes hem içeride hem dışarıdadır. Benlikle benliğin dışında kalan arasındaki belirleyici noktaları bulanıklaştırır. Çoğu zaman birer yanılsamadan ibaret olan bu noktalar kimi zaman da acı çekmemize neden olurlar. Bir tarafta bizim, diğer taraftaysa dünyanın bulunduğu kesinliğine fazla sarılmak çok iyi bir şey değildir. İşte bu nedenle ılık bir yaz melteminde meditasyon yapmak çok lezzetli bir deneyimdir: Bir süre sonra içimizdeki nefesimizle dışarıdaki dünyanın meltemi birbirine karışır.

Bir alçak gönüllülük dersi: Nefes bazen isteyerek bazen farkında olmadan bize her şeyin kendi kontrolümüz altında bulunmadığını öğretir. Toplum bize bunun tersini aşılamakta, bizi her şeyin kontrol altına alınabilir olduğuna inandırmayı istemektedir. Ancak nefesimiz bize edilgen kalmamayı ve boyun eğmemeyi de öğretir: Bize tamamen kontrol altında tutamadığımız şeyler üzerinde alçak gönüllülükle davranmaya devam ederek etkili olabileceğimizi de gösterir.

Bir gerçeklik dersi: Nefes bu kadar önemli olmasına rağmen kendine özgü bir kimliği yoktur. Hiç durmaksızın kendini yaratır ve yok eder. Budistler bu duruma *boşluk* adını verirler: Nefes hiç var olmadığı için değil, yalnızca bizim düşündüğümüz şekilde, dilediğimizce bağlanarak kendimizi güvence altına alabileceğimiz somut bir gerçeklik olmadığı için. Nefes, bulut, rüzgâr, dalga ya da gökkuşağı gibidir: Oldukça gerçek ama sürekliliği olmayan, her zaman mevcut ama her zaman geçiş halinde...

Nefes her zaman oradadır...

Her zaman bizimledir. Farkındalık kazanmak, nefes alıp verişimin hareketlerini onları değiştirmeye çalışmadan bütün bedenimle gözlemleyerek şimdiki zamana bağlanabilmem için kullanıma her zaman hazır bir kaynak gibidir.

Nefes tam farkındalığın çapası gibi bizim şimdiki zamana demir atmamızı sağlar. Kimi zaman bu denizcilerin yüzen çapa dedikleri türden, fırtına sırasında başka hiçbir manevranın mümkün olmadığı durumlarda ala-

bora olmamak için yavaşlamayı sağlayan bir çapa olabilir. Nefes almak, her zaman ulaşılabilir bir arkadaş gibidir. Ondan imkânsızı istememeye dikkat etmeliyiz (Stres, kasvet, korku, hüzün, öfke gibi şeyleri). Hissetmemek için nefesi kullanmaya çalışmak boşunadır. Ancak bunların bizi yutmasını engellemek için nefesi kullanabiliriz. Nefese odaklanmayı, herhangi bir zorluk ya da bir sınav karşısında bir arkadaşımızın yanımızda bulunmasını istediğimiz şekilde güvenmeliyiz.

Acıyla mı karşılaştınız? Nefes alın. Sıkıntıyla mı karşılaştınız? Nefes alın. Başlarda böyle bir mesaj bana fazlasıyla sınırlı geliyordu. Sonradan anladım. Asıl mesaj, mesajın tamamı şudur: "İşe nefes almakla başlayın; sonradan her şey daha açık hale gelecektir." Ne yapılması ya da ne düşünülmesi gerektiği daha büyük bir açıklıkla belirecektir. Nefes almak gerçeği değiştirmez. Ancak nefes bizim gerçekle olan deneyimimizi değiştirir. Bu gerçeğin üzerinde etkili olma yeterliliğimizi korur.

Bunu düzenli olarak uygulama alışkanlığını bir kere edindik mi bir daha nefes almayız, nefes alıp verişimizi gözlemlemeyiz: Nefes alan bedenimizdir, bizse nefesimizin içindeyizdir, biz nefesin kendisiyizdir. Bu bir yanılsama ya da kendi kendine telkin değildir: Yalnızca biz, farkındalığımızın hareketiyle birlikte, bizi canlı bir varlık haline getirmekte olan bin tane olgudan bir tanesinin merkezine varmışız demektir.

O zaman nefes yalnızca nefes olmanın ötesine geçmiştir: Bizim içimizde bulunan her şeyle çevremizde yer alan her şey arasında ayrıcalıklı bir iletişim ve değiş tokuş yolu haline gelmiştir. Bu alışveriş acı verici de olabilir haz verici de. Çünkü elbette ki insan güzelliğin ve yumuşaklığın karşısında da nefes alıp verebilir...

Ders 2

Çoğu zaman nefes alıp vermek kadar aşina, sıradan ve otomatik bir olay hakkında yapabileceğimiz fazla bir şey olmadığını düşünürüz. Ne büyük hata! Nefes alıp verişinin farkına varmakta, onu hiç değiştirmeye kalkışmadan yalnızca onun varlığından, bedenimizde bağlı olduğu bütün duyulardan haberdar olmakta sonsuz yararlar vardır. Yalnızca ona dikkat etmekte. Mutlu olduğumuzda da mutsuz olduğumuzda da. Ondan hiçbir şey beklemeksizin. Nefes alıp vermekten sorunlarımızı çözmesini istemeden. Onları çözemeyeceğimizi anladığımız zaman kafamızdaki kuruntulardansa dikkatimizi nefesimize vermemizin bin kat daha yararlı olduğunu anlayarak.

KENDİ BEDENİNDE YAŞAMAK

Ayakta duruyor, fazla kısa pantolonu, fazla uzun kolları, ayakkabılarının kendi zamanında bile modası geçmiş olan kırmızı kurdeleleriyle şapşal görünüyor. Hareli ipekten kostümünün beyaz kütlesi bakışımızı harekete geçiriyor. Pierrot, bugünlerde dendiği gibi ekrandan çıkıp yanımıza geliyor gibi. Ancak her ne kadar sahnenin ön planında o bulunuyor olsa da kimse onunla ilgilenmiyor: Arka plandaki diğer üç kişi hüzünlü bakışlı bir eşeğin sırtında yaklaşmakta olan dördüncü bir kişinin gelişiyle daha çok ilgili gibiler.

Pierrot üzgün ve sakin görünüyor. Herhalde izleyenlerin ona sevgiyle mi yoksa alayla mı baktıklarını merak ediyor. Buna karşı belli belirsiz bir kayıtsızlık içinde. Beğenilmemeye, unutulmaya alışmış, boyun eğmiş gibi. Ama orada kalarak

Pierrot, eskiden bilinen adıyla Gilles, Jean-Antoine Watteau (*1684-1721*)

1718 – 1719 yılları, tuval üzerine yağlı boya, 1,85 x 1,50 m, Louvre Müzesi, Paris

belli bir noktada vazgeçilmez olduğunun anlaşılmasına da alışkın. Tarih onsuz devam edemeyecek, o halde...

Pek yakışıklı sayılmaz ama yine de onda bir şeyler var. Basit ve apaçık bir mevcudiyet. Pierrot bize, bunu hatırlamaya gereksinimi olan bizlere, bedenimizi sevmemiz ve yaşamımızda ne kadar önemli olduğunu anlamamız için onun illede güzel, güçlü, esnek olmasının gerekmediğini hatırlatıyor. Tam farkındalık evreninde onun bize ne derecede yol gösterici olabileceğini...

"Zihin ve beden birbirinden ayrılmış mıdır, öyleyse hangisini seçmek daha iyidir?"

WOODY ALLEN

Bedenimizle meditasyon yapmak

Meditasyon yapmayanlar çoğu zaman meditasyonun yalnızca psişik bir uygulama olduğunu düşünürler. Ne büyük hata! Aslında bu son derecede bedensel bir uygulamadır. Üstelik uzun meditasyon seanslarının sonunda beden kimi zaman zihinden bile daha yorgun düşebilir.

Meditasyon uygulamaları arasında tam farkındalık bedensel hislere özellikle saygılı olan bir deneyime dayanır. İnsanın bedeniyle bağlantı içinde bulunması, onun farkında olması, ona dikkatini vermesi gerekir. Burada söz konusu olan bedenini düşünmek, içinde neler olup bittiğini yargılamak, onu gevşetmeye çalışmak ya da ona sinirlenmek değil, yalnızca onunla temas içinde bulunmaktır. Onu zihnimizin, dikkatimizin, farkındalığımızın alanına dâhil etmektir. İlk başlarda her ne olursa olsun hiçbir şeyi değiştirmeye çalışmamak gerekir.

Her türlü tam farkındalık yaklaşımında bedenle ilişkili çok sayıda ve düzenli egzersizler vardır. Bütün bedenimizin, yavaş yavaş, kısım kısım farkına varabilmek. Bedenimizi şimdiki zaman deneyiminin ağırlık merkezi olarak almak. Örneğin her sabah duruşla ilgili egzersizler yapmak, gerginlik hissetmeden durabildiğimiz en dik şekilde dururken on kere nefes alıp vermek. Duruşumuzun farkına varmak, ona saygınlık ve rahatlık kazandırmak için onu usulca ve doğal olarak düzeltmek, bunun bedenimizde nasıl bir etki yaptığını hissetmek için zaman ayırmak. Tam farkındalıkla uzun uzun gerinmek. Bu şekilde sayısız uygulama vardır…

Bu yalnızca jimnastik değil, kendini tanımanın sözcüklerden geçmeyen bir yoludur: Ruhsal olarak kendi içine bakmanın belki biraz daha kaba ama onun kadar "birincil" bir karşılığı. Bedensel olarak kendi içine bakma bir anlamda sakince ve iyi niyetle kendi kendine şunu fısıldamaktır: "İçeride işlerin nasıl gittiğini görmek, hissetmek için biraz zaman ayıralım..." Bunun çoğu zaman yararını görürüz: Kafamızın içinde yolumuzu kaybettiğimizde, kafamız karıştığında beden yalan söylemez ve bizi bilgilendirir. Dolayısıyla da doğal olarak onu küçümsemek söz konusu değildir, Nietzsche'nin bize hatırlattığı gibi: "Bedeni küçümseyenlere bir çift sözüm var. Onlardan fikirlerini ya da öğretilerini değiştirmelerini istemiyorum, yalnızca kendi bedenlerinden kurtulsunlar yeter, bu onların seslerini kesmeye yetecektir." Kimi zamansa küçümsemenin yerini unutma alır: Kimi zaman bedenimizi unutur, kendimizi sırf zihinden ibaret sanırız. Ona bir aletmiş gibi davranırız: Ondan sessizlik (sağlık), zevk (organların ve duyularınki) ve itaat (bizi taşıması ya da bize hizmet etmesi için) bekleriz. Bu kadarı da iyidir. Bu bile az değildir. Oysa o bizim için daha fazlası da olabilir...

Beden: zihnin giriş kapısı

Beden ve zihin: Bu ikisi birbirinden ayrılamaz, birbirlerini asla bırakmazlar. Birinin yatıştırılması diğerini de etkiler, coşkunlukları da öyle. Sıklıkla, beden ve zihni iki ayrı bütünlük olarak ele alan Kartezyen ikiliğinden söz edildiğini duyarız, oysa Descartes hiçbir zaman böyle bir şey söylememiştir. Aslında bunu kimse böyle söylememiştir. İkilik yalnızca belli bir hiyerarşiyi, güç ilişkileri üzerindeki bir inanışı dile getirir: Hangisi diğerini kendine boyun eğdirebilir? Genel olarak zihnin vücuttan daha güçlü olacağını düşünürüz. Oysa aslında durum bir çiftin ilişkisinde olduğu gibidir, kimin güçlü olduğu anlara ve alanlara bağlıdır, sürekli değişir ve evrim geçirir. Bu haliyle de mükemmeldir.

Beden ve zihin ne aynı şeydir ne de ayrı iki şeydir: Onlar birbiriyle sıkıca bağlantılı olan iki farklı gerçekliktirler. Bu bağlantıların farkına varmak bize çok şey öğretebilir. Bedenini deneyimleyerek yaşamak böyle bir şeydir, yoksa hızlıca, belli belirsiz, "evet, evet, bir vücudum var ve ona özen göstermem önemlidir," deyip geçmek değil. Bunun yerine mümkün olduğunca sık olarak durmak ve o anda içimizde neler olup bittiğini hissetmektir. Kendi kendinle bağlantı kurmaktır. Kendi kendini kasıtlı olarak, incelikle, saygıyla hissetmektir. Yalnızca bize acı ya da zevk verdiği zamanlarda değil.

Duyularımızı okumayı öğrenmek, onlara dikkatimizi vermek: Bunlar ruhumuzun dengesine ya da dengesizliğine tanıklık eden bir gösterge tablosu oluştururlar. Kimi zaman bedenimizin zihnimizde var olmasına izin vererek tuhaf şeyler hissederiz: Sanki bedenimizden çıkıp havada süzülüyormuşuz ya da bedenimiz çok ağırmış veya şekli bozuluyormuş gibi. Kimi zamansa hoş olmayan şeylerin gelişini hissederiz: Kafamızı dağıtacak şeylere, uğraşılara, dışımızdaki konularla ilgili kuruntulara sığınarak kaçındığımız gerilim ve acıların farkına bu şekilde varırız. Bu yönüyle meditasyon, rahatlamadan ayrılır: Amacı yalnızca ya da öncelikli olarak bizi iyileştirmek ya da gevşemeye yöneltmek değil, yalnızca içimizde olup bitenlerin farkına varmamızı sağlamaktır. Kimi zamansa içimizde olup bitenler acı verici olabilir. Ancak tam farkındalık bize onları kabul etmeyi ve incelemeyi, bu acılardan kaçmaktansa onları kabul etmeyi önerir.

Yararlar ve onarımlar

Uzun zamandır biliyoruz: Bedenimize iyi bir şey yaparsak zihnimize de iyilik yapmış oluruz. Fiziksel etkinlikler, gevşeme ve rahatlamanın yanı sıra gülümsemek, dik ve doğru durmak da zihinsel dünyamızda yankı uyandıracaktır. Bu etki sessiz ve zamanla gelişir, anında, olağanüstü bir yarar beklemek boşuna olur. Ayrıca bu etki öngörülemez. İşte bu yüzden tam farkındalık içinde "istememeyi" öneriyoruz: gevşemeyi istememek, kendine iyilik yapmayı istememek, belli bir duruma ulaşmayı istememek. En azından meditasyon anında. O anda hiçbir şey ummadan, hiçbir şey hedeflemeden kendini yalnızca var olana açmak, orada olmak, onu farkındalığımızın içine kabul etmek gerekir. Bundan fazlası değil. Bu yüzden de anahtar fiil "izin vermek" olmalıdır. Bir de "kolaylaştırmak"...

Kolaylaştırmak, çünkü araştırmacılar son yıllarda bedenin kendini onarmaya yönelik kimi yeteneklerinin olduğu (dikkat, burada söz konusu olan bir sağlık ya da ölümsüzlük güvencesi değildir) ve bunların da kendisine sunulan mutluluk ve tatlılıklarla kolaylaştırılabildiği izlenimine sahip olmuşlardır. Kimi zaman ona yalnızca zihinsel bir alan bırakmak, onun kendisini ifade etmesine izin vererek onu dinlemek bile bu işi görebilir. Meditasyonun telomerler, yani kromozomlarımızın uçlarında bulunan küçük başlıklar üzerinde hücre yaşlanmasına karşı fren görevi görebildiği anlaşılmaktadır.

Bedensel hislerle ilgili deneyimimize düzenli olarak alan vermek kuşkusuz sağlığımız açısından yararlıdır.

İşte bu yüzden de tam farkındalık uygulaması bedenimizin bütün bölümlerini düzenli olarak, sakince, usul usul gözden geçirmeye yönelik bir egzersiz önerir. Sanki ölü dalları toplayıp her şeyin yolunda olduğunu kontrol etmek için bir ormanın yollarında yürürmüş gibi, bedenimizin yollarında da gezinebiliriz. Bu beden hasta, acı içinde, yorgun, yıpranmış olsa bile, burada ve şimdi ona elimizden gelen en iyi dikkati, değeri, alanı ve sevgiyi vermeliyiz.

Bu bedenin olduğu haliyle kabul edilmişlikten huzura kavuşması ve huzura kavuşan bedenin de aydınlanmış bir zihne izin vermesinin sakin ve uzak beklentisi içinde…

Ders 3

Çoğumuzun, iyi olduğumuzda varlığını inkâr etmekten, kötü olduğumuzda hastalık hastası olmaya varıncaya dek bedenimizi unutmaya ya da onun için endişelenmeye dair büyük bir eğilim gösteriyor oluşumuz tuhaftır. Tam farkındalık bize yalnızca ona düzenli olarak dostça ziyaretlerde bulunmamızı öğütler: Hislerimizle bağlantı kurmamızı, ne durumda olduğuna bakmamızı, uyurken, uyanırken, biraz boşluk bulduğumuz anlarda onu sakince gözden geçirmemizi. Sorunları çözmeye ya da rahatlatmaya çalışmaksızın neler olup bittiğine bakmak. Yalnızca gözlemlemek. Farkındalığımızın içinde vücudumuza da biraz yer ayırmak, bu bile başlı başına birincil ve çok büyük bir yarar sağlayacaktır.

GÖZLERİNİ YUMUP DİNLEMEK

Resim sanatı yalnızca gözler için değildir. Kimi tablolar kulaklarımıza fısıldamayı da bilirler. Bu da onlardan biri işte: Dinlenmesi gereken bir tablo. Bakılması da gerekir elbette ama özellikle dinlenmesi gereken bir tablo.

Oyun oynayan çocukların çığlıkları ve annelerinin onları sakin olmaya davet edişleri duyuluyor. Rüzgâr, ağaçların yapraklarını usul usul hışırdatıyor. Kuşlar ötüşüyorlar. Uzaklarda belki bir ya da iki köpek havlıyor.

Birdenbire tuhaf bir ses duyulmaya başlıyor. Yavaş yavaş büyüyor. Çıt-çıt-çıt, tudum-tudum-tudum... Buharlı lokomotifin sesi giderek yayılıyor, alanı kaplıyor, her yeri soluk soluğa sesiyle, tekerleklerinin raylar üzerinde çıkardığı uğultuyla dolduruyor. Çii-çii: İşte bu da kondüktörün viyadükten geçerken ya sevincinden ya da alışkanlığından öttürdüğü düdüğün ıslığı.

Kırdaki Tren, Claude Monet (*1840-1926*)

1870 yılları, tuval üzerine yağlı boya, 0,50 x 0,653 m, D'Orsay Müzesi, Paris

Sonra sesler azalıyor, tren gözden kayboluyor, uzaktan uzağa bir süre daha duyulmaya devam ediyor. Bir süre sonraysa hiçbir şey kalmıyor: Her şey siliniyor ve gözle görülmeden yavaş yavaş yok olup gidiyor. Trenin geçişinden geriye yalnızca bir anı kalıyor. Tren sesinin duyulması tam olarak hangi anda kesildi? Bütün bunlar ne kadar sürdü ve zihnimizi meşgul etti? Bu sorunun hiçbir önemi yok mu? Belki de. Ama belki de bu soru çok önemlidir çünkü zihnimizin yaşamı nasıl dinlediği –ya da dinlemediği– konusunda bizi aydınlatabilir.

Yaşam anbean devam ediyor. Biz de usulca farkındalığımızın ilk düzeyine, çocukların, annelerin, rüzgârın ve kuşların seslerine geri dönüyoruz. Bir de belki uzaklarda havlamakta olan bir ya da iki köpeğin sesine....

"Kuşun ötüşünü dinliyorum,
sesi için değil,
ardından gelen sessizlik için."

YONE NOGUCHI, *Sources de sagesse orientale* (Doğu Bilgeliğinin Kaynakları)

Her çeşit ses

Gürültü, ses, müzik: Aralarında ne fark var? Gürültü kulağımıza gelen her şey, her türden işitsel duyudur. Ses (bir insan sesi ya da çan sesi gibi), bir anlamı olan, örgütlenmiş, kimliği belirlenmiş ve zihnimiz tarafından çözümlenen gürültüdür. Müzik ise üst üste bindirilmiş, karmaşık ve uyum içindeki bir sesler bütünüdür.

Sürekli olarak sesli olan bir evrenin içinde yaşarız ama bunun farkına yalnızca belli anlarda varırız. Sinemada ya da radyoda çalışan ses teknisyenleri bu insani (açık hava çarşısı, bar, büro) ya da doğal (deniz kıyısı, sonbaharda orman) ortamları yaratmayı bilirler. Bunları dikkatlice dinlediğimizde bu ses evrenlerinin karmaşıklığının ve kimi zaman da güzelliğinin farkına varırız.

Bu seslere gereksinim duyarız, özellikle de yaşamın ve doğanın gerçek seslerine. Bunlar kulaklarımızın biyolojik besinleridir. Deniz, dağ, kır bize bunları sunar. Bu nedenle de üzerimizdeki yatıştırıcı etkileri büyüktür: Bunlar bizim hayvani kökenimizin çok eski sesleridir.

Duymak, dinlemek, düşünmek...

Duymak: Duyarken bir alıcılık durumunda bulunuruz, yani "edilgen" ya da daha doğrusu müdahaleci olmayan bir durumdayızdır. Dinlemek: Dinleme halinde dikkatimiz harekete geçmiş, istemli olarak gürültü ve seslerin üzerine odaklanmış, onları çözümlemeye başlamıştır.

Bu durum da düşüncemizi tetikler: Yani bir ambulansın gürültüsünü *duyarız*, ardından onu *dinler* ve ona bir anlam veririz, kimi zaman farkında bile olmaksızın. Örneğin bir kaza olmuş olabileceğini ya da birinin çok hasta olduğunu *düşünürüz* ve buna bağlı olarak da merhamet, endişe ya da hüzün hissedebiliriz.

Üst katımızdan ayak sesleri *duyarız* ve kulak kabartıp *dinleyerek* bunun kimin yürüyüşü olduğunu *tanımaya* çalışırız; belki gözümüzde belli bir kimseyi canlandırırız (yüksek topuk sesiyse bir kadın ya da yürüyüş biçimini bilecek kadar tanıdığımız biri). Kimi zaman bir değer yargısı üretiriz, bu sesi severiz ya da sevmeyiz, onun ne anlama geldiğini düşünmeye başlarız. Gürültülerden ve seslerden yola çıkan bu düşünce üretimi bizi aynı anda hem zenginleştirir hem de yoksullaştırır: Seslere verdiğimiz anlam dünyadaki mevcudiyetimizle rekabet içine girer.

Sözcükler üretmeye başladığımız andan itibaren duyusal deneyimi bir kenara bırakma eğilimi içine gireriz. Bu durumda artık sesler evreni içinde değilizdir, zihinsel evren uğruna onu terk etmişizdir. Bu çok ciddi bir şey değildir, üstelik kimi zaman gerekli, hatta yaşamsal bile olabilir: Hissetmek her zaman yeterli olmaz, anlamak da gerekir. Ancak zihnimizin bütün otomatik hareketlerinde olduğu gibi bu durumda da içimizde neler olup bittiğinin farkına varabilmemiz önemlidir. Aynı zamanda bu otomatik hareketleri aşabilmek için düzenli olarak çaba göstermek de önemlidir. Yaşamın tarafsız ve kabullenici dinleyişine geri dönebilme çabası. Tam farkındalıkla dinleyiş bize kimi zaman duyulmaz olana erişebilme şansını da verecektir. Duyulmaz olana, yani "hiç duymamış olduğumuz" şeye. Çünkü onu dinlemeyi hiç bilmemişizdir...

Seslerin huzurla kabul edilişi

Tam farkındalıkla sesler üzerinde çalışırken her şeyi yakalamak için çaba gösteririz. Sürekli bir süzgeçten geçirme ("Tüh, bu gürültü aklımı dağıtıyor, onu düşünmemeye çalışacağım") ve yargılama ("Motorlarını gazı kökleyerek ısıtan bu insanlar dayanılır gibi değil") itkisine karşı mücadele ederiz. Tam farkındalık, rahatlama (yani sessizlik ve sakinlik gereksinimi) değil meditasyondur (yani dünyayla dingin bir ilişki kurma çabası). Bunun için çevremizdeki gürültülerle alıştırma yapabiliriz. Bu her ne kadar tercih edeceğimiz sesler olmasa bile onunla başa çıkmayı bilmemiz gerekir.

Tam farkındalık içinde çoğu zaman yalnızca seslere, seslerin özüne dikkatimizi verme alıştırması yaparız: Uzakta mı yoksa yakında mıdırlar, tiz mi yoksa pes midirler, sürekli mi yoksa aralıklı mıdırlar, aralarında boşluklar, sessizlik anları oluyor mudur? Bunların birincil özelliklerini gözlemlemeye ve elde etmeye, onları oldukları şekilde almaya çalışırız.

Elbette ki zihnimiz doğal olarak seslerin yorumlanmasına ("Bu falancanın ya da filancanın gürültüsü"), yargılanmasına ("Hoş ya da nahoş") ve arkalarından gelen düşünce zincirlemelerine ("Bu bana şunu hatırlattı, bunu düşündürdü...") kayacaktır. Normaldir bu, bunun için kendimize kızmamız boşuna olur çünkü zihin her zaman bunu yapar: Deneyim ve hislerimizi yargılar ve onları gevezeliklerle kuşatır. Eğer bunun farkındaysak sorun yok demektir: Sesler üzerinde çalışmak aslında seslerle anlamları arasındaki farkı gözlemlemek demektir. Sonra da yeniden yalın dinleyişe dönülür: Sesi ses olarak almaya. Düşünceler her zaman geri mi geliyor? Bu normaldir, mükemmel. Bu bize zihnimizin hareketlerini anlamayı öğretir. Düşünceler bizi rahat mı bırakıyor? Bu da mükemmel. Bu da bize sesin tadına varmayı öğretir...

Hastanede grup halinde egzersiz yaparken çoğu zaman hastalardan birinin cep telefonunun çaldığı olur. Seansı hiç bölmeden şu talimatı veririm: "Bu mükemmel bir fırsat. Egzersizin içinden çıkmayalım, gözlerimizi kapalı tutalım, bu zil sesini kabul edelim, içimizde düşünce olarak ne uyandırdığını algılayalım: 'Çok can sıkıcı', 'sahibi utanmıştır herhalde', 'bu hiç kibar değil', 'benimki kapalı mı acaba?' Bu zil sesinin içimizde neler doğurduğunu sakince, gülümseyerek gözlemleyelim..." Bir egzersiz sırasında katılımcılardan biri geç geldiğinde de aynı şey olur: Gözlerimizi kapalı tutarız, yeni gelenin yerini almasını dinler, çıkardığı gürültüleri ve bunların bizim içimizde yol açtığı düşünceleri inceleyerek eğleniriz. Böyle bir dingin gözlemci konumunda bulunmak tam farkındalığın uygulanmasının kalbini oluşturur.

Sessizlik

Gölge ışık için, uyku uyanıklık için neyse, sessizlik de gürültü için odur: Madalyonun öteki yüzü, vazgeçilmezi. Gürültünün sürekli biçimde istilası zehirli bir şeydir, adına "modern" dediğimiz yaşamın bize dayatmakta olduğu uyarılar yığınının bir parçasını oluşturur. Yararlı bile olsa (radyodaki sürekli haberler), hoş bir uyum içinde bile bulunsa (her yerdeki müzik) sürekli varlığı bizi yorar, güçsüzleştirir, düşüncemizin yerini alan kesintisiz bir gevezelik gibi, zihnimizin nefes almasını, böylece de çalışmaya devam etmesini engeller.

O halde yaşamın gürültülerinin ses geçirmez odası olan sessizliğin gücünü hatırlamak gerekir. Bu ille de mutlak sessizlik olmayabilir, sesler arasındaki, gürültünün kaçınılmaz (şehir içinde bir yolculuk) ya da hoşa gider (dışarıda geçirilen bir akşamın müzik ve sohbetleri) olduğu anların arasındaki varlığı yeterlidir. Sessizlik zamanları da tıpkı nefesler gibi parantezlerdir: Sevdiğimiz seslerin değerini ortaya çıkarır, bizi rahatsız edenlerdense etkilerini yatıştırır.

Sessizlik kadar, onun kuzeni olan sakinliğin de gücü önemlidir. O ise gürültülerin olmadığı anlamına değil, gereksiz sözlerin, yapay müdahalelerin yokluğu anlamına gelir. Bu yolla sessizlik ve sakinlik bize yaşamın bütün müziklerini duyma ve dinleme fırsatı verir.

Ders 4

Durmak, gözlerimizi yummak ve dinlemek. Bütün sesleri kabul etmek. Çevremizdeki hoş olan (bir kuş ötüşü) ya da olmayan (bir motor kükremesi), içimizdeki rahatlatıcı (nefesimiz) ya da rahatsız edici (kulak çınlaması ya da gurultular) bütün sesleri kabul etmek. Bu işitsel tam farkındalık anlarının amacı bize doğrudan yarar sağlamak değil, gözlerimizi açmaktır. Hatta şöyle de ifade edebilirim sanıyorum: Bütün bu bizi yıkayan seslerin varlığının ve bunların içimizde tetikledikleri her türlü duygu, düşünce ve dürtünün farkına varmamızı sağlamaktır. Tabii ki sonra da sessizliklerin tadını çıkarmamızı...

DÜŞÜNCELERİNİ GÖZLEMLEMEK

Yürüyen adam durmuş. Onunla birlikte ayaklarının altında ezilen kuru yaprakların hışırtısı da gezintisine eşlik eden o ses de durmuş. Adam büyük bir su birikintisinin önünde, son günlerde çok yağmur yağmış olduğunu geçiriyor içinden, toprağın gökyüzünden dökülen bütün suları içine alamadığını, bu yüzden de tıpkı dolu bir otelin sahibinin müşterilerini beklettiği gibi onları yüzeyde bekletmekte olduğunu düşünüyor.

Yürüyen adam durmuş, kendi kendine diyor ki... Hayır, demiyor, kendi kendine hiçbir şey söylemiyor. Yalnızca zihni kendi kendine gevezelik ediyor. Adamsa bu gevezeliği dinliyor ve onun farkına varıyor: "Bu renkler ne güzel", "bazıları şimdiden çürümüşler", "bu suya basarsam ayakkabılarımı mahveder miyim acaba", "çocukluğumda bunu yapardım ama o zaman kauçuk çizmelerim vardı", "saat kaç oldu acaba?"; "bir gün ben de bu kuru yapraklar gibi ölmüş

Yansıma (Ruhun Neye Benziyor ?), Peter Doig (*1959-*)

1996, kâğıt üzerine gravür, 2,80 x 2,00 m, Tate Müzesi, Londra

olacağım", "kalın paltomu giymekle iyi etmişim, hava soğuk, bu yıl kış erken bastırdı..." Sonra yavaş yavaş, içindeki bu düşünceler itiş kakışı dinmeye başlıyor. Soluyuşunu hissediyor, kalp atışlarını duyuyor. Dikkati yarı yarıya çürümüş olan yapraklardan birinin üzerine odaklanıyor. Ona bakıyor, daha doğrusu onu görüyor. Diğerlerini de, hepsini görüyor. Artık canı hiç kımıldamak istemiyor. Orada kalmak. Zaman zaman zihninden yeni düşünceler geçiyor. Tıpkı yaprakları gördüğü gibi bunları da duyuyor. Mevcudiyet ve geri çekiliş. Bir düşünce fısıldıyor: "Düşüncelerin de bu yapraklara benziyor, sayıları çok fazla, her yerdeler, onların böyle gelip gitmelerine izin ver, bu mükemmel bir şey, bu an mükemmel bir an, şimdi ve burada yaşamakta olduğun şeyden daha fazla bekleyebileceğin hiçbir şey yok."
Sonrası, düşüncelerin sessizliği. Sonsuzluğun soluğu.

"İnsanoğlunun yaşadığı sürece yapmaya hiç ara verilemeyeceği iki süreç vardır: Nefes almak ve düşünmek. Aslında nefesimizi düşünmeden durabileceğimizden daha uzun süre tutabiliriz. Düşünüldüğünde, düşünmeyi bırakma, düşünceyi durdurma konusundaki bu yetersizliğimiz dehşet verici bir kısıtlamadır."

GEORGE STEINER, *Dix raisons (possibles) à la tristesse de pensée* (Düşüncenin Hüznünün On (olası) Nedeni)

Zihnimizin gevezeliği

Beynimiz düşünceler üreten olağanüstü bir makinedir. Olağanüstüdür ama durdurulması da çok zordur. Uyandığımız anda düşünce üretimi başlar. Seneca *Ruh Dinginliği Üzerine* adlı incelemesinde "hiçbir şeye sabitlenemeyen ruhun girdabı"ndan söz eder. Sabah olduğunda uyanmak, düşünmeye daha doğrusu bir düşünceler akımının saldırısına uğramaya başlamak demektir. Bu düşünceler bize her şeyden söz ederler: geçmişten, gelecekten. Şimdiki zamandan bahsettikleri ise nadiren olur.

Bundan dolayı da bizim adına düşünmek dediğimiz şey aslında düşünce üretmek değil (çünkü bu hareket bizim irade ve müdahalemizin dışında olmaktadır), düşüncelerimizi ayıklamak, düzenlemek, önem sırasına koymak, içlerinden bazılarını elemeye, bazılarının da üzerine odaklanmaya, onları geliştirmeye çalışmaktır. İşte bu nedenle meditasyonun bizi hızlı yoldan ve sipariş üzerine bir çeşit zihin sessizliğine, bir düşünce yokluğuna ulaştırmasını beklemek boşunadır. Bu kimi zaman mümkün olabilir ama ancak aralıklı olarak, zaman zaman olabilir. Sonra gevezelik kaldığı yerden sürer.

"Bilinç hüküm sürer ama yönetmez," demişti Paul Valéry. Bu cümleyi her zaman sevmişimdir çünkü bence işin özünü anlatıyor: Güç ile mutlak güç arasındaki farkı. Budist geleneği içinde Matthieu Ricard, düşüncelerin akımını, sürekli hareket halinde olup daldan dala atlayan maymun sürülerine benzetiyor. Ne kargaşa! Kafa karışıklığı için ne büyük bir tehlike! Peki ne yapmalı? Bu hareketin durdurulması olanaksız, kontrol edilmesi ise çok güçtür. İşin tehlikesiyse bu dağınıklığın yerine tek bir düşünce üzerinde yoğunlaşmayı koymaktır: Bunun adına takıntı denir ve kesinlikle daha iyi sayılmaz. Bir başka tehlikeyse oyalanmadır: Zihnimizi başka bir şeyle doldururuz, kolay bir şeyle, dışarıdan olan, dikkatimizi toplayabilecek kadar güçlü, belli bir düzene konmuş bir şeyle. Ve böylece bu gevezeliği susturmuş oluruz. Gevezeliğe karşı beynimizi tıka basa doldurma. Neden olmasın? Ama daha başka yollar geliştirmemiz de mümkündür.

Tam farkındalık içinde düşüncelerimizin akımından kaçmayı ya da onları durdurmayı istemekten vazgeçebiliriz. Yana doğru bir adım atarak: Düşünmek ve kendini düşünürken görmek. Zen bize şelale benzetmesini öneriyor: Suyun düşüşü (düşüncelerimizin akımı) ile kayalık çeperler arasında bulunuruz. Hafif bir şaşkınlık içinde kendimizi düşünürken gözlemleriz; artık akımın altında değilizdir (mesafe) ama uzağına da düşmemişizdir (mevcudiyet). Bu şekilde kendi kendimizi gözlemlemekten ibaret olan düşünsel farkındalık yeteneklerimizi kullanmış oluruz. Ama insan kendini düşünürken gözlemleyebilir mi gerçekten? İster iç gözlemsel, ister olgusal olsun birincil kişi psikolojisi uzun zaman ihmal edilmiştir: İnsan nasıl hem taraf hem de hakem olabilir? "İnsan pencerede durup da kendisinin sokaktan geçişini izleyemez," diyordu Auguste Comte. Ancak konu farkındalık olduğunda bu mümkün olabilir: Yalnızca çok, hem de çok alıştırma yapmak gerekecektir…

Düşüncelerinin geçişini izlemek...

Her zaman olduğu gibi tam farkındalık içinde doğrudan ve sert eylemden kaçınırız. Düşünceleri ortadan kaldırmak boşunadır, çoğu zaman bu yüzden tam aksine bir sıçrama etkisine neden oluruz. Üstelik kendi kendimize, "şimdi düşüncelerimi gözlemleyeceğim," dememiz de zordur; çoğu zaman hiçbir düşüncemiz olmadığı izlenimine kapılırız. Bunun nedeniyse burnumuzu işin içine fazlaca sokmuş olmamızdır: Düşüncelerimizin içine öyle bir dalmışızdır ki onları gerçeklik sanmaya başlamışızdır.

Tam farkındalık bize yalnızca şunu söyler: Düşüncelerimizi engellemeye çalışmak boşunadır, düşüncelerimizi bulmaya çalışmak da öyle, bunların yerine zihnimizi genişletmemiz daha iyidir.

Bunun için işe başka bir şeyle başlarız, şimdiki zamana yerleşmek, ona demir atmak, onun üzerine yayılmakla: Nefes sayesinde, seslerini dinlememiz, onların bedenimizde yarattığı hisleri algılamamız sayesinde. Şimdiden düşüncelerimizin hareketini inceleyebilmek için daha iyi bir konuma gelmişizdir. Başka bir şeyle ilgilenirken, örneğin nefes alıp verme deneyimimizin üzerine odaklanmışken bir noktada kendimizi serbest bırakmış olduğumuzu fark ederiz: Nefes alıp veriyorduk, bir de bakmışız ki "başka bir şey düşünmeye" başlamış, aklımızdan geçen bir düşüncenin peşine düşmüşüz. Farkına bile varmaksızın: Bunu ancak sonradan anlarız.

Biraz deneme yaparak, bir yandan düşüncelerden belli bir mesafe almaya çalışırken onların bize verdikleri emirleri de ayırt etmeye başlarız. Yalnızca burada olmaya, kendi nefes hareketlerimizin içinde bulunmaya ya da

kulağımıza ulaşan sesleri kabul etmeye çabaladığımız bir tam farkındalık egzersizi yaparken birdenbire bir itki, bir istek, bir emir duyarız: "Dur, gözlerini aç, şunu ya da bunu yap, daha acil, daha önemli..." Eğer karşı koyarsak düşüncelerimiz ısrar eder: "Hemen şimdi yap, yoksa unutacaksın!" Bunu yapmayı isteyenin kendimiz olduğunu, yapmaya gereksinim duyduğumuzu sanırız, oysa bu o kadar da kesin değildir. Kanıt şudur. İstek, itki, gereklilik kılıklarına bürünmüş bu emirlere refleks olarak anında uymazsak çoğu zaman onların aslında tartışılabilir, kaçınılabilir şeyler olduklarını görürüz. Örneğin şöyle emirler vardır: "Burnunu kaşı", "gözlerini açıp saatin kaç olduğuna bak", "kardeşine telefon etmeyi unutmamak için not al..." Bunlara uymayabilir, farklı davranabiliriz ama ancak bu müdahalelerin yalnızca birer düşünceden ibaret olduğunun farkında olabilmişsek...

Başlangıçta bu düşünceleri zihnimizi egzersizin dışına sürükledikleri anda tanımlarız: Artık nefesimizde ya da bedenimizde değil "bir şey düşünmekte"yizdir. Bu normaldir, zihin bunu her zaman yapar. Bu yüzden kendimize hiç kızmadan egzersize geri döneriz; düşünceler geri gelir; biz onları fark ederiz ve egzersize geri döneriz... Bu hareketler tam farkındalık eğitiminin bizzat temelini oluştururlar. Düşünceler sorun değildir, sorun olan dağınıklığın, zihinsel hareketliliğin ve özellikle de (düşünceler ile gerçeklik arasındaki) kafa karışıklığı ile bağlanmanın (bütün düşüncelerini ciddiye alma durumunun) farkına varmamaktır. Sorun düşüncelerin içeriği ya da hareketi değil, bizim onlarla olan ilişkimizdir. On-

Tam farkındalıkta düşüncelerimizi takip etmeye –neden olmasın?– ya da başka bir şey yapmayı seçmeye biz karar veririz

lara engel olmayı istememeliyiz, onları uzaklaştırmaya çalışmamalıyız. Ama aynı zamanda onları takip de etmemeli, onlara boyun eğmemeli, bize istediklerini yaptırmalarına göz yummamalıyız. Onları kabul etmeli ve genişlemiş bir farkındalık içinde (nefes, beden ve sesler yoluyla şimdiki zamana demir atmamızın önemi buradan gelir) gözlemlemeliyiz. Bir de onları beslemekten vazgeçmeliyiz.

Alıştırma yaptıkça yavaş yavaş, düşüncelerimizin yalnızca birer düşünceden ibaret olduklarını daha iyi görmeye başlarız. Onların geçici birer zihinsel olgu olduklarını, kalıcı kesinlikler olmadıklarını daha iyi belirleyebiliriz. Ortaya çıkışlarını gördüğümüz gibi, eğer peşlerinden gitmezsek çoğu zaman yok olup gidişlerini de görebiliriz. Sonra geri gelişlerini ve yeniden gidişleri ni. Yaşayarak bu deneyimi kazanmak yalnızca bilmekten çok daha güçlü bir öğrenmeyi temsil eder: Düşüncelerimizin yalnızca birer düşünce olduklarını biliriz ama bizi kendi yollarına çektikleri zaman bu bilgi çok da işimize yaramaz. Zihinsel olana karşı böyle bir mesafe almamıza, düşüncelerimizin kendi kendilerini yok etmelerine izin verme alışkanlığı kazanmamıza yalnızca düzenli alıştırma ve deneyim yardımcı olabilir.

Tam farkındalıkta düşüncelerimizi takip etmeye –neden olmasın?– ya da başka bir şey yapmayı seçmeye biz karar veririz. Örneğin oturduğumuz yerde, gözlerimiz kapalı, düşüncelerimizin akımı bize "kımılda", "yap", "düşün", "sallan" derken şimdi ve burada kalarak nefes alıp vermeye devam etmeyi seçebiliriz. Düşüncelerimiz sinirlenerek seslerini yükseltebilirler: "Yapılacak onca acil işin varken, ne diye bu egzersizi yapıp duruyorsun? Bırak, sonra devam edersin…" Ama hayır, biz bu düşüncelere boyun eğmemeye karar verdik. Biraz bekleriz, konunun gerçekten önemli olup olmadığına, o yöne gitmenin gerçekten gerekip gerekmediğine bakarız. Birkaç dakika daha nefes alıp vermeyi sürdürürüz ve sonunda mengene gevşer. Zihnin kölesi olmaktan çıkmak ne hoştur, bir parçacık olsun yeniden özgürlüğe kavuşabilmek bizi nasıl da mutlu eder…

Düşüncelerinden özgür kalmak

"Düşünüyorum öyleyse varım," diye iddia etmişti Descartes. Paul Valéry ise şunu ekledi: "Bazen düşünüyorum ve bazen varım." Tam farkındalıksa şu sonuca varır: "Ben yalnızca düşündüğümden ibaret değilim. Her zaman da düşündüğümün peşinden gitmem." Bilişsel psikoterapide bunun adına "defüzyon" diyoruz: Düşüncelerimle farkındalığım arasındaki bulanıklığı azaltmaya çabalamak. Düşüncelerimin yalnızca farkındalığımın unsurlarından biri olduğunu ama bütün farkındalığımı kapsamadığını anlamak. Düşüncelerime bağımlı olmamak ama onları da reddetmemek: Yalnızca onlarla farklı bir ilişki içine girmek.

İnsanın kendi kendine, "yaşamım çok mutsuz," demesiyle, "yaşamımın çok mutsuz olduğunu düşünüyorum," demesi aynı şey değildir. Düşüncelerimi zihnimin birer olgusu olarak tanımlayabildiğimde onların içlerinde her zaman onaylamadığım çok fazla değer yargısı, istemdışı düşünce ve dürtü taşıdıklarını daha iyi görebilirim. İnsanın kendini zihninden ayrı tutmasına yönelik bu bir bakıma tuhaf deneyim, zihninin tuzağına düşmemek uğruna ondan yararlanmaya yönelik bu çaba tam farkındalığın bize sunduğu şeydir. Tam farkındalık bana bir düşünme alanı açmayı, bir mesafe alma ve gözlemleme deneyimi geliştirmeyi öğretir. Tıpkı bir davette fondaki gürültülerle ilgimi çekmekte olan bir sohbet arasında ayrım yapmayı öğretir gibi aradaki ayırımı fark etmeyi öğretir. Ya da bunun yerine açık havaya çıkıp kargaşayı geride bırakarak gecenin seslerine kulak vermeyi tercih etmek gibi…

Ders 5

Gözlerimizi yumup nefesimizi dikkatin merkezine yerleştirmek. Sonra da zihnin hemen nasıl uzaklaşıp gittiğini ya da daha doğrusu düşüncelerin tıpkı kaprisli çocuklar gibi dikkatimizin merkezine nasıl üşüştüklerini fark etmek. Yapılacak şeylerle ilgili düşünceler, egzersizin içinde kalmakta çektiğimiz güçlükle ilgili düşünceler. Buradayız: Düşüncelerle ilgili tam farkındalık çalışması zihnin bastırılamaz gevezeliğinin farkına varmaktan ibarettir yalnızca. Aynı zamanda da onun çekim gücünün farkına varmaktan: Bir noktada düşüncelerimizi gözlemlemekten çıkarız çünkü onların içine girmiş, yol almışızdır bile. O zaman sakince nefese ve arkasından da düşünceleri gözlemlemeye geri dönmeliyiz. Yavaş yavaş "bir şey düşünmek" ve "bir şey düşündüğümüzün farkına varmak" arasındaki ayrım apaçık hale gelecektir. Adına zihin açıklığı denen şey budur ve düzenli çalışma gerektirir.

Melankoli, Lucas Cranach (*1472-1553*)

1528, tahta üzerine yağlı boya, 1,13 x 1,72 m, Danimarka Millî Müzesi, Kopenhag

DUYGULARINA BİR ALAN TANIMAK

Düzen ve düzensizliğin insanı hissettirmeden rahatsız eden, alışılmadık ve çözülmesi mümkün olmayan bir karışımı bu. Ressamın bize ne anlatmak istediğini pek bilemiyoruz. Bir süre sonra, daha iyi anlamaya başlamıyoruz belki ama hiç olmazsa tablonun nasıl düzenlenmiş olduğunu algılayabiliyoruz.

Solda kargaşa var. Yukarıdaki doğaüstü bir kargaşa, ruhlar ya da hayaletlerden oluşan bir süvari birliği bir bulutun üzerinde dörtnala koşuyor. Aşağıdaysa sıradan bir kargaşa, çıplak çocuklarla bir tazı arasında bir boğuşma oluyor; kendisine kötü davranılmasına kızmış olan hayvan kulaklarını arkaya dikmiş, dişlerini göstererek "devam ederseniz sizi ısırırım," dercesine onları tehdit ediyor.

Sağ taraf daha sakin ama daha açık sayılmaz: Bir elma ağacının altın rengi meyveleri var, sarp bir kayalığın tepesine bir şato kurulmuş, ayaklarının dibinde alet edevat duran bir kadın sanki zaman öldürür gibi ince bir sopayı yontuyor. Yüzü dalgın, bezgin, bir parça küçümseyici, köpekle çocuklar arasındaki kavgayı uzaktan izliyor gibi.

Cranach'ın *Melankoli*'sinde gerçekle gerçek dışı, gerginlik ve sakinlik, eylem ve sıkıntı bir arada. Bazı şeyleri az çok anlıyoruz, bazılarınıysa anlamlandıramıyoruz, bizi aşıyorlar. Onları hiçbir zaman anlamlandıramayacağımızı, bizi her zaman aşacaklarını sezinliyoruz.

Ama kendi duygusal deneyimimiz de çoğu zaman bize böyle görünmez mi?

"Her şey bizi ürküten
ve doğrudan bakamadığımız
birkaç fikir üzerine kuruludur."

PAUL VALÉRY, *Tel quel* (Olduğu Gibi)

Duygusal deneyim

Duygularımız konuşmazlar ama kendilerini ifade ederler. Bedensel hisler, davranışlar, kökten ve basitleştirilmiş otomatik düşünceler yoluyla.

Üstelik onları yatıştırmak, sakinleştirmek için genellikle sözcükler yeterli olmaz. Bedenden (nefes) ve davranışlardan (üzgün ya da endişeliysek yürümek, öfkeliysek uzanmak) yararlanmak gerekir. Ruhsal yaşamın en zor süreçlerinden biridir bu: Engelleyemediğimiz ya da dışarı atamadığımız duygularla yüklü düşüncelere karşı mesafe alabilmek. Günümüzde bu gerekli mesafeyi alabilmek üzere duygusal durumumuzu bastırmak için çabalamaktansa onları kabul edip gözlemlemenin daha kolay olduğunu düşünüyoruz. Ya da onlara boyun eğmekten elbette. Duygusal gelgitlerimizi deneyimlemek bu nedenle bir alçak gönüllülük ve gerçekçilik sınavıdır: Bu gelgitler en azından ilk başlarda çoğunlukla bizden daha güçlüdürler. Güçlü duygular söz konusu olduğunda açıkça, ruh halleri ve keyifsizlikler gibi daha incelikli biçimleri söz konusu olduğundaysa dolaylı yoldan. La Rochefoucauld şöyle demişti: "Ruh hallerimiz belli etmeden irademizin yönünü değiştirir; arka arkaya gelerek içimizde gizli bir imparatorluk kurar ve bu yolla biz farkına bile varmadan bütün eylemlerimizde önemli bir rol oynar."

Duygusal karmaşa

Duygusal anlamda hissettiklerimizin deneyimi her zaman hoş ya da anlaşılabilir olmaz. Kuşkusuz kimi zaman duygularımızın karmaşası verimli olabilir ancak çok büyük kafa karışıklıklarına yol açması da mümkündür. Böyle durumlarda eyleme ya da oyalanmaya doğru bir kaçış itkisi hissedebiliriz. Bir de aşırı kontrol itkisi vardır: İçimizdeki acı verici duyguları yasaklamak, kendimizi bunları hissetmekten men etmek. Bu mantıklıdır gerçi ama sorun yaratır: Bu şekilde davranarak kendimizi hislerimizden, duygularımızdan soyutlamaya kalktığımızda nörologların "deafferentasyon" adını verdikleri şeyle, yani duygusal zekâmızı yitirme tehlikesiyle karşı karşıya kalırız. Kendileri için fazlasıyla acı verici olan duygusal tepkilerini bir anlamda yıllar boyunca dondurduktan sonra aşırı hassasiyet geliştirmiş hastalara çok sık rastladım. Bu bana permafrostu, yani buzun altında, sürekli donmuş durumda bulunan ve doğal olarak üzerinde hiçbir şey yetişmeyen toprak tabakasını anımsatır. Aşırı korunmadan dolayı yoksullaşmış yaşamlar ve duyarlılıklar…

Duygusal berraklık: hissetmeyi kabul etmek

Tam farkındalık hoş olanı tutup hoş olmayanı geri çevirmeye yönelik doğal eğilimimize ters düşer. Bu nedenle de seanslar ve egzersizler her zaman rahat anlar olmaz (bu da meditasyonla rahatlama arasındaki farklardan biridir).

Tam farkındalık içinde olumsuz ya da acı verici duygusal hisleri kabul eder, onların orada bulunmalarına göz yumarız. Böylece üzüntümüzü kovmaya çalışmak ya da endişemizi çözmek yerine işe onların varlıklarını kabul etmekle başlarız. Bunun anlamı, onların içeriklerini ve buyruklarını kabul etmek demek değildir, üzüntü ya da endişemizin orada bulunmasına izin vermek üzgün ya da endişeli olduğumuzu saptamaktır ancak üzüntümüzün ("Bu yaşam bu zahmete değmiyor, çabalamak neye yarar?") ya da endişemizin ("Bir tehlike var, hemen harekete geçmeli ve bir çözüm bulmalısın") kulağımıza fısıldadıklarına inanmayı gerektirmez.

Anksiyete ya da depresyon hastaları kendilerine işe bu sorunlarının varlığını kabul etmekle başlamalarının söylenmesinden hoşlanmazlar. Bu onları birazcık sarsar: "Ben her zaman tersini yapmaya, acı çekmemeye çalıştım." Biraz da korkutur: "Eğer muslukları açacak olursam, gardımı düşürürsem içimdeki acı beni yiyip bitirir."

Hayır, içiniz rahat olsun, öyle bir şey olmaz. Olumsuz

Tam farkındalık içinde olumsuz ya da acı verici duygusal hisleri kabul eder, onların orada bulunmalarına göz yumarız.

duygularımız sakinleştirmek istediğimiz hayvanlara (ya da insanlara) benzer: Biz onları kovalamak, bağlamak ya da hapsetmek için üzerlerine atıldıkça onlar da daha çok çırpınarak bize zarar verebilirler.

Bunun yerine onlar için, içinde var olabilecekleri bir alan yaratmak bizim yararımıza olacaktır. Bu alanda onları gözlemleyebiliriz de: Bu duygular vücudumu ne hale getiriyorlar? Hangi düşüncelere yol açıyorlar? Beni nereye doğru itiyorlar? Böylece artık duygunun içinde değil, duygu deneyiminin içindeyizdir. İşte bu daha az etkilenmek için onları kabullenmektir. Kimi zaman bu bile bizi yatıştırmaya yeter ve böylece ne yapacağımıza karar vermemize izin verir.

Duygular olumsuz düşüncelerin itici güçleridir, onlara güç verir, onları sağlamlaştırırlar. Duygularımı kabul etmem, gizlice yol alabilmek için önlerinden ittirdikleri düşünceler üzerindeki güçlerini de azaltmak anlamına gelir. Eğer öfkemi kabul eder ve tanırsam öfkemin oluşturduğu düşünceleri de daha kolay düşünebilirim. İçimdeki kaygıyı kabul eder ve tanırsam endişelerimi daha kolay düşünebilirim. Oysa, "hayır ben öfkeli falan değilim ancak bu durum kabul edilebilir gibi değil," ya da "hayır ben endişeli değilim ama durum tehlikeli," noktasında kalırsak düşünceler üzerinde çalışmamız çok da kolay olmaz. Çünkü bunlar benim zihnimde birer düşünce değil, birer gerçeklik ve kanıtlanmış şeyler olarak kalırlar. Kanıta ve gerçekliğe hangi çılgın karşı koyabilir?

Hissetmek için zaman ayırmak

Demek ki duygularımız üzerinde çalışmamız gerekecektir. Onları engellemek için değil, incelemek için. Örneğin gün içinde birkaç kere, telaş ve aceleyle bir etkinlikten diğerine koşmak yerine, ikisinin arasında, içimizde neler olup bittiğini hissetmek, duygusal durumumuzla usulca bir bağlantı kurabilmek. Ya da bekleme anlarında bundan yararlanıp kendimizin farkına varmak için. Böyle anları farkındalıktan tamamen uzak, zihinsel olarak bomboş, kendimizle bağlantımız kopuk, aklımız eylem ya da kuruntularımıza dönük olduğu için bambaşka yerlerde geçirmek yerine...

Bu huzurlu ve meraklı içe bakış alışkanlığı ilk önce sakinken ve dinlenme anlarında başlar. Sonra acı çektiğimiz zamanlarda: Üzgün, sinirli, endişeli, mutsuz olduğumuzda... Hissettiklerimizi değiştirmeye, kendimizi avutmaya ya da yatıştırmaya çalışmak değil. Hemen değil. Önce kendimizi hissettiğimiz şeyin içinde mevcut kılmak. İyi nefes alıp vermek, neler olup bittiğini gözlemleyerek nefesimizle bağ kurmaktan başka hiçbir şeyi "istememek". Nefes, mevcudiyet, tam farkındalık, bunlar biraz karanlığın içindeki bir lambaya benzer: Hâlâ gece olduğu halde kim olduğumuzu görebiliriz. Kimi zaman bu şaşırtıcı da olabilir: Acı verici duygularımızı kabul

MELENCOLIA
15 28

ederek, onların içinden geçmeye razı olarak bunun bir bulutun içinden geçmeye benzediğini keşfederiz, ne de olsa bunun da içinde hiçbir katı madde yoktur. Çıktığımızdaysa güneş yeniden parlayacaktır...

Duyguların tam farkındalığı

Duygularımız, hoş olmayanları bile, zihnimizin "kötü otları" değildir. Ruhsal ekolojimizin bir parçasıdır. Onları kabullenerek başlamak ancak varlıklarının, güçlü ya da incelikli etki mekanizmalarının farkında olmamızla mümkün ve verimli olur. Duygular doğal olarak kendilerini bize dayatma eğilimindedirler. Bizim onların varlıkları sonucunda değil, etkileri sonucunda hareket etmemiz gerekir. Hem zaten psikolojide adına "duygu düzenleme" dediğimiz şeyin amacı da boşluk, zen ya da sakinlik değildir. En azından hemen ve doğrudan değil. Amaç farkındalık, berraklıktır.

Bu şekilde duygusal dengeye ulaşma yolunda ilerlemek için temel olan iki "yetenek" de tam farkındalığın içinde bulunmaktadır: Bunlardan ilki şimdiki zamanın deneyimine izin vermek için içimizde bir alan yaratmak, ikincisiyse bu deneyimi olduğu gibi kabul ederek var olmasına izin vermektir. Bir acıyı ya da rahatsızlığı aşmanın ilk koşulu onun içimizdeki varlığını kabul etmektir. İçine girdiğimizi hiç kabul etmediğimiz bir yerden dışarı çıkamayız: Tanımayı reddettiğimiz bir acıdan da asla kurtulamayız...

Duygusal çaresizlik anlarımızda kendi söylediğimiz rahatlatıcı sözleri ancak bu yolla dinleyebilir ve onlara inanabiliriz: Bunun önemli bir şey olmadığına, elbet geçeceğine dair sözlerimiz. Bunun işe yarayabilmesi için önce sorunu bütünüyle kabul etmiş olmamız gerekir, varlığını reddetmeyi sürdürdükçe ("Bu mümkün değil, bu haksızlık") bu bir sonuç vermez. Huzurun tohumları ancak zihin açıklığının toprakları üzerinde yetişebilir, inkârın, kendimize söylediğimiz yalanların üzerinde değil. Yatıştırıcı sözlerin gerçekten yatıştırıcı olabilmeleri için onları kabul etmeye, dinlemeye, hissetmeye zaman ayırmak gerekir. Onları içimizde yaşatmak gerekir. Daha önce acı verici duygularda da yaptığımız gibi. Çünkü elbette ki insanın hoş olan duyguları için de alan açması yasak değildir...

Ders 6

Sıkıntılı, endişeli, dertli olduğum zamanlarda rahatlamak, özgür kalmak için başka bir şeye geçmemeliyim. Tam tersine zamanım varsa içimde neler olup bittiğini gözlemlemeliyim. İçimdeki bu duygu nedir? Beni neye doğru itiyor? Bu basit görünüyor olabilir ama elbette ki hiç de öyle değildir: Tıpkı düşüncelerimiz gibi duygularımız da bize kendilerini dayatırlar, yani gözümüze öznel olgular olarak değil, tartışmasız, apaçık gerçeklikler olarak görünürler. O zaman, ne hissettiğimi değiştirmeye, kendimi avutmaya ya da sakinleştirmeye çalışmamalıyım. Yalnızca kendimi mevcut kılmalıyım. Nefes alıp vermeliyim, içimde neler olup bittiğini gözlemleyerek nefesimle bağ kurmaktan başka hiçbir şey "istemeden".

FARKINDALIĞINI ARTIRABİLMEK İÇİN DİKKATİNİ AÇMAK

İlk bakışta her şey basit görünüyor: İki parçaya bölünmüş olan tablo sağ tarafta bir sokak sihirbazını, sol taraftaysa onu izleyen halkı gösteriyor. Bir masa onları birbirinden ayırıyor. Sonra ayrıntılara giriyoruz: Gülünç şapkasıyla sihirbazın bön görünüşü bizi eğlendiriyor. Sol elinde tutmakta olduğu sepetin içinde hileciliğin ve aldatmacanın simgesi olan küçük bir baykuşun gizli olduğunu fark ediyoruz. Sağ elindeyse masanın üzerinde ters çevrilmiş duran kâselerden birinin altından çıkarmış olduğunu düşündüğümüz bir top tutuyor. Masanın üzerine ilgiyle eğilmiş olan adamın ne kadar uzun olduğunu fark ediyoruz. Sonra da bu adamın cüzdanının sanki dikkat dağıtmak istercesine tuhaf bir şekilde havaya bakmakta olan bir hırsız tarafından çalınmakta olduğunu anlıyoruz. Kendimize soruyoruz: Hırsızla sihirbaz suç ortağı olabilirler mi? Peki ya kırmızılar içindeki, parmakla birini işaret etmekte olan şık hanım da onlardan mı?

Hokkabaz, Gielis Panhedel / Hieronymus Bosch Van Aken, (*1450-1516*)

1502, tahta üzerine yağlı boya, 0,53 x 0,65 m, Saint-Germain-en-Laye Belediye Müzesi

Sonra dikkatimizi tuhaf ayrıntılara veriyoruz: Soyulmakta olan adamın salyaları akıyor. Resimdeki diğer kişilerin neredeyse her biri bir başka yöne bakıyor: Kimileri masaya, kimileri sihirbaza ya da eğilmiş adama bakıyor, kimilerininse gözleri kapalı. Son olarak da unutulmuş bir seyirci daha: Masanın üzerine yerleşmiş, sihirbazın hilesini büyük bir dikkatle izlemekte olan sakin, küçük bir kara kurbağası. Bosch'un eserlerinde her zaman olduğu gibi simgeler bol, bu tuhaf tablonun taşıdığı anlamlar birden fazla. Ancak burada bizim için önemli olan bir nokta var: Bu başyapıt bize aynı zamanda dikkatten ve farkındalıktan da söz ediyor. Dikkatin fazlalığından ve azlığından. Bu ikisi kimi zaman birbirlerine benzerler çünkü her ikisi de farkındalığımızı küçültür ya da zayıflatırlar, bu yolla da başımıza pek çok sıkıntı getirirler.

"Bedenini hareketsiz tut,
Sessizliğini koru,
Düşüncelerini dizginleme, bırak gelsinler,
Farkındalığınıysa serbest bırak,
Kusursuz bir rahatlık içinde.
Bu noktaya gelince, meditasyona
ve meditasyon yapmamaya bağlılık silinir;
aklın her türlü yapılandırmasından özgür olan zihin,
artık yalnızca berrak, geniş ve saydam
bir farkındalıktan ibarettir.

SHABKAR, *The Life Of Shabkar: Autobiography Of A Tibetian Yogi* (Bir Tibet Yogi'sinin Otobiyografisi)

Farkındalık

Farkındalığı şu şekilde tanımlayabiliriz: Aynı anda hem hissetmek hem algılamak, hissettiğimiz ve algıladığımız şeyin ne olduğunu bilmektir. Farkındalık uyanık olmayı varsayar: Yani uyuyan bir kişi hem hisseder hem de algılar ama bunu bilemez, farkında değildir. Hiç kuşkusuz farkındalık zihnimizin en hassas ve en karmaşık işlevidir ve üzerine binlerce bilimsel araştırma gerçekleştirilmiştir. Ancak bizim burada gerek duyduğumuz şey ne çok sahte ne de çok karmaşık olmayacak bir kavrayış modelidir. Basite indirgersek, farkındalığın üç boyutu olduğunu söyleyebiliriz.

Bunlardan ilki, ilkel farkındalıktır ve izlenimlerimizle hislerimizin bütününden oluşur. Bir anlamda hayvani ve söz öncesi bir farkındalıktır, çevremizdeki dünyaya uyum sağlamımızda yardımcı olur. Örneğin bu satırları okurken bir yandan da bedeninizi, kulağınıza gelen sesleri, çevrenizdeki hareketleri bu farkındalık sayesinde algılarsınız.

İkinci düzey, kimliksel farkındalıktır, bütün bu izlenimlerin sonucu olarak ortaya çıkan "benlik" kavramı bu düzeyde belirir. Yaşadıklarımızın sentezini yapmamıza, bütün bu hislerin bize ait olduklarını fark etmemize yardımcı olan işte bu farkındalıktır. Elbette ki biz bu gerçeğe zaman içinde alışır ve onu unuturuz, kimi zaman bir aynanın karşısına geçtiğimizde ya da biri bize adımızla seslendiğinde birdenbire bizim "biz" olduğumuzu hatırlarız ve belli belirsiz bir kimlik şaşkınlığına kapılırız: "Nasıl? Bu yüz, bu isimle seslendikleri kişi ben miyim?"

Üçüncü düzey ise, bu "benlik" karşısında geri çekilip mesafe alarak onun mekanizmalarını gözlemlememize izin veren düşünsel farkındalıktır. Anlamamıza ve düşünmemize bu farkındalık yardımcı olur: Fazla bencilce davrandığımızda, sinirlenmeye başladığımız ya da kaygıya kapıldığımız durumlarda bizi gerçeğe döndüren işte bu farkındalıktır.

Peki ya "tam farkındalık"? Bütün bunların içinde onun yeri neresidir? Onun uygulanmasının bu üç düzeyi tamamıyla bir araya getirdiğini söyleyebiliriz: İlkel farkındalığa son derecede büyük bir önem verir çünkü bu düzey bedensel ve duygusal olguların kavranmasına ve yatıştırılmasına olanak tanır. Kimliksel farkındalık düzeyi düşünce zincirlerimizin gözlemlenebilmesi için bir hareket noktası oluşturur. Düşünsel farkındalık düzeyiyse zihnimize otomatik olan aklî süreçlerinden sıyrılma ve kurtulma şansı sağlar.

Dikkat

"Dikkat, olası görünen birkaç benzeri içinde belli bir nesne ya da bir düşünceler bütününe canlı ve berrak bir biçimde zihin tarafından sahip çıkılmasıdır. [...] Diğerlerini daha etkili biçimde ele alabilmek uğruna kimi nesnelerden geri çekilmeyi içerir," diye açıklıyor modern psikolojinin kurucularından, farkındalık ve dikkati incelemeye çok erken başlamış olan William James.

Dikkat, farkındalığın temel gerecidir: Dikkat yoksa farkındalık da olmaz. Meditasyon eğitimcilerinin en çok tekrarladıkları cümlenin "şimdi dikkatinizi usulca şu noktaya verin..." olması rastlantısal değildir. Ancak dikkat ve farkındalık iki farklı şeydir. Dikkatte ayıklarız (ilgimizi çekmeyenleri), oysa farkındalıkta birleştiririz. Dikkat dışlama yoluyla işlerken farkındalık içine almayı esas alır. Örneğin bir anlamda dikkatin belaları sayılabilecek olan anksiyete ve depresyonla ilgili sorun da budur: Yalnızca dertlerimizin kaynağı olan şeylere dikkatimizi verir, geri kalan her şeyi bir yana ayırırız. Böyle hastalıklı bir dikkati tedavi etmenin yollarından biri de tam farkındalığa başvurmak olabilir: Kendimizi üzgün ya da endişeli hissettiğimiz anlarda dikkatimizin alanını genişletmek.

Dikkatin niteliği

Şimdi dikkate ve onun farkındalıkla ilişkilerine geri dönelim. Farkındalığımız üzerinde doğrudan etkide bulunmamız zordur. Bunun için, genel olarak dikkatimizi kontrol etmeyi öğrenmemiz gerekir. Bu iş iki yolla yapılabilir.

İlki dikkatin açılmasıdır: Dikkat, odaklanmış (dar) ya da açık (geniş) olabilir. Odaklanmış dikkat halindeyken dar bir dikkat hüzmesini, örneğin belli bir eylem (yaptığımız işe yoğunlaşmak), bir gösteri (gördüğümüz ya da duyduğumuz bir şeye kendimizi kaptırmak) ya da düşünceler (kafamızdaki düşünce ya da kuruntulara dalıp "gitmek") üzerine yöneltiriz. Açık dikkat ise, tam tersine genişleme, ilk hedeflerinden uzaklaşma, düşünce ya da duygularla özdeşimden usulca kurtulma eğilimi gösterir. Yeni hedefleri içine alır. Bir yandan bedenimizde hissettiklerimizi gözlemlerken, bir yandan da şimdiki zaman deneyiminin içine aşamalı olarak sesleri, düşünceleri, duyguları da dâhil ettiğimizde olan budur. Daha geniş

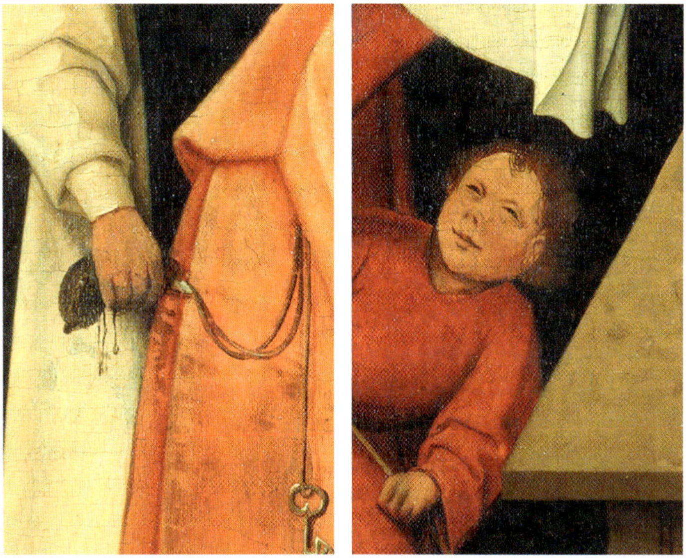

olarak açılmış böyle bir dikkat doğal olarak, adına "dikkatli farkındalık" da diyebileceğimiz, tam farkındalığa iyice yaklaşan bir biçime dönüşür.

Ancak tam farkındalığın içinde başka bir şey daha vardır. Mümkün olan ikinci çalışma yolu, dikkatin açılması üzerine değil, niteliği üzerine geliştirilir: "Analitik" ya da "derin". Analitik dikkat yaman bir sorunun örneğin bir matematik ya da varoluş probleminin çözümü üzerine yoğunlaştığımızda harekete geçirdiğimiz dikkattir. Bu durumda zekâmız tam kapasiteyle çalışır, düşüncelerimiz birbirini kovalar, akıl yürütmemiz hızla ilerler, sorunun koşullarını ve sonuçlarını ayrıntılı olarak analiz ederiz. Derin dikkat ise başka bir düzeyde yer alır: Bize düşünmekte ya da hareket etmekte olduğumuzu unutturur. Derin dikkat çok basit etkinliklerle ilgili olabilir: Heyecanlı bir filme ya da koşu yaparken adımlarımızın temposuna kendimizi kaptırmak gibi. Ancak kimi zaman da daha karmaşık görevlerle ilgilidir: Bir yamaçtan aşağıya kayakla inmek, bir müzik aleti çalmak ya da zihinsel bir uğraşa kendimizi kaptırmak gibi. Bütün bu durumlarda yaptığımız işe bütün dikkatimizi vermişizdir (aksi takdirde düşeriz, yanlış bir nota basarız ya da düşüncelerimiz sürekli olarak dağılır). Ancak bunu adına "derin" dediğimiz bir dikkat durumu içinde yaparız: Yaptığımız işin içine öyle girmiş, öyle yoğun biçimde "işin derinindeyizdir" ki neler olup bittiğini analiz etmeye ya da zihinselleştirmeye hiçbir gerek duymayız.

Dikkatimiz genişledikçe ve derinleştikçe tam farkındalık durumuna, anbean yaşamakta olduğumuz deneyime açık ve yoğun, yalnız zihinsel değil bütüncül (bütün bedenimizi içeren) bir mevcudiyete, gitgide daha çok yaklaşırız.

Farkındalığı korumak için dikkat üzerine çalışmak

Zihnin yaşamı konusundaki şeyleri yalnızca canımız istediği için değil, yapmaya karar verdiğimiz için de yaparız. Dikkat de böyle çalışır.

Dikkat üzerinde çalışmanın gerekliliği uzun zamandır hem Doğu hem Batı dünyalarında hissedilmiştir. Bir kere daha William James'e kulak verelim: "Sürekli dağılmakta olan bir dikkati bir araya toplama yeteneği muhakemenin, karakterin ve iradenin kökenini oluştu-

rur. Buna sahip olmayan bir insan bir hiçtir. [...] Ancak bu ideali tanımlamak, geliştirilmesi için uygulanacak talimatlar vermekten çok daha kolaydır."

Bu dikkat becerisi gerçekten de hem zihinsel verimliliğimizin hem de esenliğimizin temelinde bulunur. Oysa günümüzdeki yaşam biçimleri onları gitgide zayıflatma ve yoksullaştırma eğilimindedir: İçinde yaşadığımız ortamlar günden güne daha da *psikotoksik* hale gelmekte, bu da dayatılan sayısız araya girmelerle (radyo ve televizyon reklamlarından e-posta ve kısa mesajlar seline dek), harekete geçirici ve göz alıcı taleplerle (gerek sinemada gerekse televizyonda dakikalık planların sayısının baş döndürücü biçimde artmakta olduğu gözlenebilir) dikkatimizi parçalamaktadır. Asıl sorunsa zihnimizin zaten buna yatkın olması, dağılma ve oyalanma eğilimi göstermesidir. Tıpkı şekerli ya da tuzlu olanın tat alma duygumuzu çekmesi gibi zihnimiz de gürültülü ve kolay olana karşı bir çekim duyar.

Bu türden ortamlar (ve bizim onları dengelemek için çaba göstermeyişimiz) dikkatimizin sürekli olarak sıkışık ve dar bir boyutta işlemesine yol açar. Dikkatimiz bir noktaya odaklanmaya alışır ve sürekli bir hedeften diğerine sıçrar: Bir dertten bir sonrakine, bir oyalanmadan bir diğerine... Günümüzde dikkatin çoğu zaman dar ve analitik bir biçime dayalı olan bu türden işleyişinin anksiyete ve depresyon durumlarını besleyen kuruntuların temeli olabileceğinden kuşkulanılmaktadır.

İşte bu nedenle de dikkat becerisi üzerinde çalışarak onları korumak ya da geri kazanmak her zamankinden daha da önemlidir. Bu açıdan bakıldığında meditasyon alıştırmaları bir çeşit dikkat alıştırması da sayılabilir. Farkındalığımız bir daha asla elimizden alınmasın diye...

Ders 7

Dikkat üzerine çalışmak tam farkındalık uygulamasının merkezinde yer alır. Oturun ve nefesiniz üzerine yoğunlaşın. Zihninizin nasıl başka yerlere gittiğini göreceksiniz. O zaman, yeniden nefesinize geri dönün. Bir kere, on kere, yüzlerce kere. Yürümeyi öğrenmek için yüzlerce adım atmanız gerekmişti; yürüme becerisini korumanız için her gün yüzlerce adım atmaya devam ediyorsunuz. Dikkat beceriniz için de durum aynıdır: Eğer dağınıklık içinde yaşar, bütün taleplere boyun eğmekle yetinir, ışığı yanıp sönen ya da ses çıkaran her yere gitmeye kalkışırsanız bu becerileriniz gelişemez. Tam farkındalık egzersizleri ve özellikle yüzlerce kere "egzersizden çıkış" ve yüzlerce kere "şimdiki zamana dönüş" size benzersiz bir zihinsel eğitim sağlayacaktır. Çalışın, çalışın. Aksi takdirde zihninizin size oyunlar oynamasına şaşırmayın...

YALNIZCA BİR MEVCUDİYET OLMAK

İnanılmayacak kadar sesli bir tablo bu: İçinde çınlayansa sessizliğin sesi, De La Tour'un bütün eserlerinde olduğu gibi. Hiçbir söz, hiçbir hareket, hiçbir gürültü yok, ne odanın içinde ne de çevresinde, gecenin en derin karanlığı içindeyiz. Tek bir diyalog var, o da gölgeyle ışık, alevle yansıması arasında. Şamdan insan yaşamının kırılganlığının bir mecazı sanki. Yansıma ise bu kırılganlığın farkındalığı gibi. Her ikisi de, hem şamdan hem de yansıması karanlıklarla çevrili. İki parmağımızın ucuyla mumun alevini söndürecek olursak her yer kapkaranlık olacak... Çevredeki nesneler birer yetim gibi alacakaranlığın içinde hareketsiz duruyorlar. Kimsenin bakmadığı aynada yalnızca mum alevinin yansıması var. Terk edilmiş kolye, Madeleine'in fahişelik geçmişinden bir yadigâr. Kafatası ise bize kibri ve onun köktenci iletisini anımsatıyor: *Memento*

Tövbekâr Madeleine, diğer adıyla Madeleine Wrightsman,
Georges de La Tour (1593-1652)
1638 – 1643 yılları, tuval üzerine yağlı boya, 1,334 x 1,022 m, Metropolitan Sanat Müzesi, New York

mori. Unutma ki öleceksin. Ama ölümden korkma. Buradaki yaşamının kısa, kırılgan ve nafile olduğunu unutma. Önemli olanın, asıl olanın bu yaşamda bulunmadığını unutma. Ama şunu da aklında bulundur: Yaşamının başka bir biçimi daha var. Farkında olarak yaşamak. Madeleine de bunu yapıyor. Uzun saçları, aşağı düşmüş kırmızı elbisesi, her türlü süsten, dantelden yoksun beyaz gömleği. Bir mahkûmun gömleği mi bu? Geçmişinden, günahlarından kurtulmaya çalışan birinin gömleği mi? Nereye gitmek için? Ne yapmak için? Daha sonra, daha sonra... Şimdilik yalnızca, soyunmak, arınmak, dinginleşmek, şimdiki zamanın yoğunluğu var. Madeleine ellerini kafatasının üstüne koymuş. Yüzünü seyircilerden, dünyadan çevirmiş. Nereye bakıyor? Aynaya mı? Muma mı? Hayır. Madeleine hiçbir şeye bakmıyor, gözleri boşluğa ve aynanın üzerindeki duvarın hiçliğine dalmış.

"Feryatlarla dumanın eşlik ettiği 'büyük olaylar'a inanmaktan vazgeçtim. Sana yalvarıyorum sevgili cehennem uğultusu, sen de inan bana, asıl büyük olaylar en gürültülü saatlerimiz değil en büyük sessizliklerimizin saatleridir."

NIETZSCHE, *Böyle Buyurdu Zerdüşt*

Yoğunlaşma

Tam farkındalık yoğunlaşmayı gerektirir. Yoğunlaşmak, kendi merkezine dönmek, kendini sağaltmak, tam da eylemlerimizin ve çevremizde bulunan şeylerin pek çoğunun bizi bizden uzaklaştırdığı noktada kendimizle yeniden temas kurmaktır. Ya da en azından bütün bunların bizi tekellerine aldıkları, zihnimizden ayırdıkları bu anlarda "yapmak"tan vazgeçtiğimiz için "olduğumuz"u, varoluşumuzu hissetmektir.

Kimi ortamlar bu yoğunlaşma anlarını kolaylaştırırlar. Örneğin kiliseler ya da dua yerleri. Kimi zaman bir buluşmaya erken gittiğimde zaman geçirmek için yakınlardaki bir kiliseye meditasyon yapmaya giderim, şehrin hareketliliğinin, aşırı uyarıcılığının "uzağında" değil, "yanında" olan bir yere. Elbette doğa da yoğunlaşmayı kolaylaştırıcı bir ortam sağlar ve gitgide daha çok incelemenin de göstermekte olduğu gibi doğayla daha çok içli dışlı olmak sağlığımız açısından da yararlıdır. Doğa ile temas sayesinde sakinliği, yavaşlığı ve sürekliliği, yani tam farkındalığı kolaylaştıran, zihnin "besinlerini" bulabileceğimiz bir ortama kavuşuruz.

Ancak, yaşamın kargaşası içinde de yoğunlaşabilir, bir an için durup eylemlerimizden geri adım atmaya karar verebiliriz. Zıt olarak arka arkaya uçuşan bu anlar kimi zaman bize fazla güçlü gelebilir: Birdenbire duygusal rahatlamanın ötesinde daha fazla iç alana kavuştuğumuz, daha çok zihin berraklığına kavuştuğumuz hissine kapılabiliriz. Tıpkı yürüyüş yaparken bir anda müthiş bir sağanağa yakalanan birinin bir saçak altına sığınması gibi. Eğer o kişi fırtınaya lanet okumak yerine farkındalığını şimdiki zamana doğru çevirirse, bu engellenmeyi bir ara,

> Yoğunlaşmak, kendi merkezine dönmek, kendini sağaltmak, tam da eylemlerimizin ve çevremizde bulunan şeylerin pek çoğunun bizi bizden uzaklaştırdığı noktada kendimizle yeniden temas kurmaktır.

bir parantez olarak görürse o zaman hem yararlı hem de son derecede sağlıklı, yani sağlığı için yararlı bir şey yaşamış ve hissetmiş olacaktır.

Yoğunlaşma, eylemin öncesinde de yer alabilir: Bir görevi yerine getirmeye başlarken, masanın başına geçip oturmadan önce bir süre ayakta durup nefes alıp verişlerini hissetmek, sözcükleri ya da belirgin niyetleri kullanmaksızın işinizin derindeki anlamıyla bağlantı kurmaktır. Akşamları eve dönmeden önce, bir arkadaşı ziyarete gitmeden önce, eğer bir şifacıysak bir hastayı kabul etmeden önce. Eskiden böyle anlar vardı: Ekmeği bölmeden önce edilen şükür duası, akşam duası. Modern yaşamlarımızda bu yoğunlaşma anları nereye kayboldu? Kuşkusuz onları eve girer girmez açtığımız televizyonda ya da radyoda veya bizi her an köleleri haline getiren diğer ekranlarda bulamayız. Bu hareketler, özellikle de otomatik hale geldikleri andan itibaren, "kafamızı dağıtmak" için kullandığımız yollardan bile daha fazla bizi zihinlerimizden uzaklaştırmaktadır ki bu da yoğunlaşma fikrinin tam tersidir.

Tam farkındalığı öğrenmekte olan bir hastamın, her sabah arabasına bindiğinde alışkanlıkla radyoyu açmak yerine ellerini direksiyonun üzerine koyarak nefes alıp verme ve hissettiklerinin farkına varma alıştırmasını nasıl başarıyla gerçekleştirdiğini bana sevinç dolu bir hayretle anlatışını hatırlarım. Bu küçük anlar gün içindeki diğerleriyle bir araya geldiğinde anksiyetesini yavaş yavaş geriletiyordu.

Bir de Pascal Quignard'ın *Les Ombres Errantes* (Başıboş Gölgeler) kitabında geçen ve otobiyografik olduğunu tahmin ettiğim şu bölümü hatırlıyorum: "1994 Nisanı'nın güzel bir gününde, güneş gökyüzünde parıldarken, Louvre'dan çıkışımda neden birdenbire adımlarımı hızlandırdım? Adımlarını hızlandıran bir adam Seine Nehri'ni geçiyor, Pont Royal Köprüsü'nün kemerlerinden aşağıya, tamamen pırıl pırıl bir beyazlıkla kaplı sulara bakıyor, Beaune Caddesi'nin üzerini kaplayan mavi göğü görüyor, koşarak Sébastien Bottin Sokağı'ndaki kocaman bir tahta kapıyı itiyor ve bir çırpıda bütün görevlerinden istifa ediyor. İnsan aynı anda hem gardiyan hem de firari olamaz." Farkındalıkla yaşamak içinde riskleri de taşır ve yoğunlaşmak insanı hızlıca sadeleşmeye iter, kendini yoksullaştırmak için değil, hafiflemek için.

Sadeleşme

Tam farkındalığın ikinci gerekliliğiyse sadeleşmektir. Madeleine'in yaptığı gibi geçmişimizden ve giysilerimizden kopmamız şart değildir ama kimi psikolojik davranışlarımızdan kurtulmamız gerekir: Bu yönde atılacak

önemli bir adım kendimizi otomatik düşüncelerimizden ve özellikle de beklenti ve yargılarımızdan hafifletmek olacaktır. Tam farkındalık içinde buna yardım edecek dört önemli zihinsel yaklaşım söz konusudur: Yargılamamak, süzgeçten geçirmemek, bir şeylere tutunmamak ve hiçbir şey beklememek. Meditasyon alıştırmaları sırasında bu dört yaklaşımın geliştirilmesi gerekir ve bunu da dört vazgeçiş izler.

Yargılamaktan vazgeçmek: Örneğin meditasyon egzersizinin başarılı ya da başarısız olduğunu yargılamamak. Zor mu? Doğrudur, zaten aslında "yargılamamak" da daha çok kendimizi zihnimizde zorunlu olarak belirecek yargılara teslim etmemek, gücü onlara bırakmamak, onlar tarafından durdurulmamak ve meydanı onlara terk etmemek anlamına gelir.

Süzgeçten geçirmeyi reddetmek: Bunu daha önce gördük, hoş olmasalar bile bedensel hislerin, düşünce ve duyguların içimizde var olmalarına izin vermemiz gerekir. Örnek: Meditasyon yaparken kulağımıza dışarıdan hiçbir gürültü gelmemesini ummaktan vazgeçmek. Rahatsızlıkları kabul etmek. Ama elbette iyi ve hoş olanları da kabul etmek. Ne mazoşizm ne hedonizm. Yalnızca açık ve meraklı bir farkındalıkla her şeyi kabullenmek ama yalnızca farkındalığın istediği yere gitmek.

Bir şeylere tutunmaktan vazgeçmek: Çoğu zaman temel bir otomatik davranış olarak hoş olana tutunup kalırız. Her ne pahasına olursa olsun bir esenlik durumu içinde kalmayı istememek dikkati nefesine vermekle mümkün olabilir. Bu yaklaşım ne işe yarar? Bunun amacı esenlik durumunun bozulmasını istemek değil, bunun için endişelenmemeye kendimizi alıştırmaktır: "Yeter ki bu durum sürsün" hissini aşabilmek, hoş olanın yitirilmesi çevresinde dönüp duran ve çok doğal olan kaygılarımızdan özgür kalabilmek. Çünkü hoş olan bir şeye sahip olduğumuzda onu gelecekte yitirmekten endişe etmek yerine tam farkındalıkla varlığının tadını çıkarmak daha iyidir. Anksiyete ve depresyon içindeki kişilerin pek çoğunun üstesinden gelmekte güçlük çektikleri şey "mutluluğun endişesi"dir.

Beklemekten vazgeçmek: Bu hiç kuşkusuz yeni başlayanlar için tam farkındalık meditasyonu eğitiminin en zorlayıcı yönüdür. Hiçbir şey beklememek, seansın bir aydınlanma ve dinginleşme kaynağı olacağını ummamak. Kendi çekincelerimi hâlâ hatırlıyorum: "Beklentilerimden arınmak mı? Ama beklenti olmadan, amaç olmadan hiçbir yere varılmaz ki!" Tam da böyledir işte: Tam farkındalık içindeyken zaten bulunduğumuz noktadan başka hiçbir yere gitmeye çalışmayız...

İçtenlik

Bu son vazgeçiş, içlerinde en zor olanıdır ve ne kendi kendimize yaptığımız bir hile (yüreğimizin derinliklerinde beklenti taşırken hiçbir şey beklemiyormuş gibi yapmak) ne de mazoşistçe bir tavır (esenliğimizle hiç ilgilenmemek) olmalıdır. Söz konusu olan yalnızca bir dolambaçtır. Çabalarımız ve irademizle erişebileceğimiz ve kurabileceğimiz şeylere zaten erişmiş, onları zaten kurmuşuzdur. Buna karşılık, özellikle duygusal alanda pek çok şey, bizim kontrol ve irade çabalarımıza direnç göstermiştir. Biz de başka bir deneyim yaşamak için "çözüm bulma arzusu" ile ilişkimizi kesmeyi deneriz: Bu, var olanı iyi niyetle kabullenmedir. Bu da şimdiki zamanın içinde tam mevcudiyetten daha başka hiçbir şeyi arzulamamaktır. Tam farkındalık, olmak istediğim yere, şimdi ve buraya, zaten varmış olduğumu derinden hissettiğim bütün anlardır.

Saf mevcudiyet ve nesnesi olmayan dikkat

Dikkatimizin alanını yavaş yavaş genişleterek, zihnimizdeki süzgeçlerden ve beklentilerden soyunarak, farkındalığımızı tam farkındalığa dönüştürürüz. Onu son derecede geniş ve nesnesi olmayan bir hale getiririz. Saf bir mevcudiyet haline geliriz.

Nesnesi olmayan bir farkındalık mı? Bu kavram kimi zaman kuramcılarla uygulamacıları karşı karşıya getirir. Örneğin, filozoflar için her farkındalık bir şeyin farkındalığıdır. Burada farkındalığın bir nesnenin çevresine yoğunlaşmış bir dikkat çabası olduğu varsayılır. Ancak meditasyon yapanlar için nesnesi olmayan bir farkındalık da mümkündür, bunun deneyimini sıkça yaşarlar: Genişlemiş, içine her şeyi alabilecek güçte bir farkındalıktır bu. Var olana karşı sınırsız bir sevgi gibidir. Var olanı görmek ve onu elinden geldiğince çok sevmek. Ayrıca seçimi olmayan farkındalıktan da söz ederiz. Çok değerli bir yaklaşımdır bu. Özünde, varlığın ya da eylemin diğer biçimlerinden üstün değildir. Zihnin gereksiz bir akrobasisi de sayılmaz. Alışıldık olmadığı için değerlidir ve büyük olasılıkla da içinde çok büyük erdemler taşır: Şifa, özgürlük, ileriyi görme.

Çoğumuzda nesnesi olmayan farkındalık, sabit bir durum olmaktan çok genellikle geçici bir andır. Saf mevcudiyeti ancak parmaklarımızın ucuyla okşarız. Onun da ötesinde bir şeyler bulunuyor olabileceğini sezeriz. Bir ilham mı yoksa bir yanılsama mı? Dile getirilemez bir zevk…

Başlangıçta gökten zembille inen lütuflar olacaktır. Rastgele ağzımıza düşen pişmiş armutlar. Bizim en küçük bir müdahalemiz olmaksızın her şeyin kusursuz göründüğü anlar. Sonra yavaş yavaş biz de onları yaratmayı öğrenmeye başlarız; tanımı yalnızca "orada olmak" kadar basit olan bu saf mevcudiyet anlarını. Eğer "orada olmayı" bilmiyorsak, bunun uygulanması da çok hassas olur: Müdahale edip eyleme geçmek, yönlendirmek ve etkilemek, bütün bunlar bizi cezbeder ve buna uymak bizi rahatlatır. Bu insan türünün hem sonsuz gücü hem de sonsuz zayıflığıdır. Ancak kimi anlarda kendimizi tutmayı öğreniriz. Yüzeydeki yaşamımızdan soyunur, geçmişimizi ve tasarılarımızı bir yana bırakırız. Bir anlığına, eylemlerimizle düşüncelerimizin bizden sakladıkları, geçici bir sonsuzluğun, uçsuz bucaksızlığın içine gireriz. Her şey iyi ve altüst edici olur. Sakin bir altüst ediş.

Ders 8

Yoğunlaşmayı hayatımıza davet etmek. Gündelik yaşantımızın içinden zihnimizi yaşadıklarımıza düzenli olarak açarak geçmek: Sözcüklerden, düşüncelerden, hedeflerden çıkmak, "yapmak" yerine "olmak". Çevremizde ya da içimizde çok fazla kargaşa olduğunda bunlardan mesafe almak ve her çeşit istemden soyunmak, hiçbir şey istememek, hiçbir şey aramamak: Yani birkaç anlığına her türlü düşünce ve eylemle bağlarımızı kesmek. Şimdi ve burada bulunmaktan daha fazla hiçbir şey yapmamak. Yalnızca burada ve canlı olduğumuzun farkına varmak.

2.

ZİHNİN GÖZLERİNİ SONUNA KADAR AÇARAK YAŞAMAK:

BİR GÜNDELİK YAŞAM FELSEFESİ

"Bugün hiçbir şey yapmadım.
– Bir şey yapmadım ne demek? Yaşadınız ya!
Uğraşlarınızın yalnızca en temel olanı değil,
aynı zamanda en ünlüsüdür bu…"

MONTAIGNE, *Denemeler*

SIRADAN OLANI GÖRMEK

Geçiyordun ve durdun: Özel bir şey vardı. Gecenin gölgelerinin indiği ve elektrik ışıklarının karanlığın içinde yavaşça insanlık adacıkları yarattıkları günün bu anındaki ışık olabilir mi bu? Ya da belki havanın yumuşaklığı? Ya da yakınlardaki ormanın karanlık kütlesi?

Işıklandırılmış levhanın üzerinde o aptalca ayrıntıyı, Pegasus'u fark ediyorsun. Gökyüzüne, gecenin boşluğuna doğru atılmak için sabırsızlanarak şaha kalkan o kırmızı Pegasus ile üç küçük kardeşini. Bu Pegasus sureti tuhaf bir şekilde dikkatini ele geçiriyor. İşte şimdi bu son derecede basit ve sıradan anın geri kalanı da karşında. Benzinin buharını, içinde ışık yanmakta olan evin bir yerlerinde açılmış olan bir radyodan gelen eskimiş ve hafifçe ölgün ezgiyi fark ediyorsun. Sana dokunan, bedenini ve ruhunu harekete geçiren ne bu anın güzelliği ne de tuhaflığı. Düşüncelerinin

Benzin, Edward Hopper (1882-1967)
1940, tuval üzerine yağlı boya, 0,667 x 1,022 m, New York Modern Sanat Müzesi

akımını, hareketlerini ve tasarılarını durdurman için bunlara, güzelliğe ya da tuhaflığa gerek duymuyorsun. Durdun çünkü bu an benzersiz. Şu anda görmekte olduğun şeyin aynısını bir daha asla göremeyeceksin. Şu an yaşamakta olduğunu bir daha asla yaşamayacaksın. İşte bu, şimdi anladın: Durdun çünkü temel olan şey farkındalığında belirdi. Şu anda yaşamın bir parçasını yaşamaktasın. Nasıl olup da bunu bu kadar sık unutabiliyorsun? Yaşamanın bir şans olduğunu, yaşamın her bir anının bir mucize olduğunu unutuyorsun. Yaşamak, karanlığa, ölüme, hiçliğe karşı kazanılmış bir zafer. Bunu nasıl unutabilirsin? Yaşamayı bir daha asla unutma. Örneğin, hemen şimdi, başını kaldır ve çevrene yeni doğmuş bir bebeğin gözleriyle bak, sanki gördüğün şeyleri daha önce hiç görmemişsin gibi.

"Unutma ki her zihin en sıradan deneyimlerden şekillenmiştir. Bir şeyin sıradan olduğunu söylemek, onun en önemli fikirlerinin oluşmasında en büyük rollerden birini oynadığını belirtmektir."

PAUL VALÉRY, *Mauvaises Pensées et Autres* (Kötü Düşünceler ve Diğerleri)

Mobilgas

Farkındalığının ışığını daha sık yakmak

Güzel olanın, beklenmedik olanın, altüst edici olanın karşısında farkındalığımızı uyandırırız. Ancak geri kalan zamanda çoğunlukla yalnızca hareket eden, dalgın birer robot gibiyizdir. Kimi zaman uyanırız; çağımız da yaşamlarımızın içine bir yığın işaret levhası yerleştiriyor zaten ("Bu taraftan, şu taraftan"): Örneğin, reklamlar ("Şimdi, bakın! Dinleyin! Tadın!"), hayranlıkla izlemenin ya da heyecana kapılmanın "gerektiği", çerçevesi belirlenmiş anlar (sinema, tiyatro, müze gezileri). İşaretlenmiş kesinlikler… Oysa yaşamımız kılavuzlu bir yolculuk değildir! Kendimizi bu şekilde yönlendirilmeye bıraktıkça içi boş zihinler, ölü ya da felçli ruhlar haline geliriz.

Normal olanı, sıradan olanı sevmek. Ona bakmak, ona saygı duymak. Zihnimizi bunun için bilemek. Kendimizi sıradanlığın yoğunluğuna açmak: Tam farkındalık için gerekli ya da vazgeçilmez bir ortam yoktur. Kuşkusuz kolaylaştırıcı, elverişli, ayrıcalıklı ortamlar bulunabilir. Ancak bu da başımıza her yerde gelebilir. Biraz çaba harcamak koşuluyla. Uyanık ve anın içinde varlıklar olarak kalmak koşuluyla.

Yapmayı bırakıp olmak

Yaparız, her zaman yaparız. Bir eylemden diğerine atlarız. Üstelik bu eylemler sırasında bile yapmakta olduğumuz şeyin içinde bulunmayız: Çoğu zaman zihnimiz başka eylemlerin anısı ya da tasarısıyla dolu olur.

Bu tabloda olduğu gibi: Benzin istasyonunun müşterilerinden kaç tanesi tablonun gösterdiğinin öte tarafına geçebilmişlerdir? Kaçı hiçbir şey görmemiştir? "Depoyu doldurmalarını isteyeceğim, ödeme yapacağım, yola koyulacağım, otele zamanında varmaya çalışacağım, her zamanki odamı isteyeceğim, eşyalarımı yerleştireceğim, yarınki iş günümü düşünerek dişlerimi fırçalayacağım, saatinde uyanabilmek için çalar saatimi kuracağım, sonra televizyonda ne var diye bir bakacağım ve kendi kendime 'yarın formda olabilmek için uykunu alabilsen bari' diyeceğim..." Pek çok gün, çok fazla şey yaptım, çok fazla şey düşündüm. Ama hiç yaşamadım, hiç var olmadım, var olduğumu hiç hissetmedim. Robot gibi.

Olmanın yapmaktan daha iyi olduğu gibi mutlak bir kesinlik yoktur. İkisine de gerek duyarız. Ama önemli olan tam olarak da budur, her ikisine birden gerek duyarız: Oysa yaşamımızın unuttuğu ya da hiç farkında olmadan dışladığı ana durumumuz yapmak değil olmaktır. Günümüz toplumunda "gıyaben" içinde bulunduğumuz durum ise yapma durumudur. Bu nedenle tam farkındalık bize yapma durumundan çıkmamızı fısıldar ve bizi yalnızca küçücük bir an da sürse olma durumunun içine iter.

Yalnızca orada olmak: bir tam farkındalık egzersizi olarak yaşam

Talimat basit: Mevcudiyetini bu zararsız anlara yoğunlaştırmak. Farkındalıkla onların içinde yer almak. Bir hayalet olmaktan çıkmak, arafı terk etmek, elbette ki ölümden değil ama bir çeşit yaşamama halinden uzaklaşmak: Gerçekten var olmak, gerçekten yaşıyor olmak.

Kendini deneyim içinde gözlemlemek. Tam olduğumuz yerde, yalnızca ayrıcalıklı koşullar içindeyken değil. Kendimizi sıradan yaşamın deneyimi içinde gözlemlemek. Hatta kimi zaman sıkıntı içinde. Örneğin bekleme anlarında ve geçişlerde, bunlardan yararlanarak orada olduğumuzu ve orada nasıl bulunduğumuzu hissetmek. Daha fazla beklememek: Orada olmak! Bir keresinde, bir kongreye gitmek üzere yaptığım bir yolculuk sırasında bir istasyonda treni bekliyordum. Onu gerçekten bekliyordum: Saate bakarak, ufku gözetleyerek, trenin sağdan mı yoksa soldan mı geleceğini merak ederek. Hareket saatine daha on dakika olduğunu da bilerek. Bineceğim trenin acaba başka bir yerden mi geleceğini (o halde vaktinde gelecekti) yoksa buradan mı kalkacağını (o halde kalkışından önce burada olacaktı ve ben de ona

Dikkatimi soluğuma, nasıl durduğuma çevirdim; usulca doğruldum ve omuzlarımı dikleştirdim, sonra da kulaklarımı açıp dinledim.

binebilecektim) merak ediyordum. Kısacası zihnim hiçbir yararı ya da ilginçliği olmayan düşüncelerle tamamen doluydu. Neyse ki bunun farkına varabildim (her zaman varamayabiliriz...). Kendimi tıpkı bir köpeğin mamasını beklediği gibi trenimi beklerken gördüm. Hayır, diye düşündüm, yaşamımı bu şekilde geçirmem mümkün değildi, bu yaşamımın küçücük bir parçası olsa bile. Bunun üzerine hastalarımı düşündüm, düzenli olarak uyguladığımız dünyada mevcut olma egzersizlerimizi. Ve aynı onlar gibi yaptım, aynı onlardan yapmalarını istediğim şeyi. Eylem boyutundan çıktım (beklemekten ve trenin gelişini ya da geç kalışını düşünmekten başka hiçbir şey yapmadığım böyle bir ana eylem yerine tepinme demem daha doğru olabilir) ve mevcudiyet boyutuna geçtim. Saate ve rayların ucunda uzanan ufka bakmayı bıraktım. Dikkatimi soluğuma, nasıl durduğuma çevirdim; usulca doğruldum ve omuzlarımı dikleştirdim, sonra da kulaklarımı açıp dinledim, istasyonun seslerini, konuşmaların uğultusunu, tekerleklerin raylar üzerindeki gürültüsünü, kuşların sohbetlerini dinledim; bu bahar gününün ışıklarını, aşağıdaki bir marşandiz treninin yavaş hareketlerini, peronun en ucundan görünen bulutları, yapıları, levhaları, uzaktaki binaları gözlemledim; istasyon peronlarında sıkça duyulan o soğuk maden kokusunu içime çektim. Görülecek ve hissedilecek şeylerin çokluğu muhteşemdi. Yoğun biçimde orada, o anki yaşamımın içinde mevcut olmanın bu kadar dinginleştirici ve ilginç olması muhteşemdi. Trene binerken kendimi hiç olmadığım kadar huzurlu hissediyordum. Treni bir saniye bile beklememiştim. Yalnızca hayatımı yaşamış, besleyici dakikalar yaşamıştım.

Yalnızca orada olmak, farkındalıkla. Yaşıyor olduğumuzun farkına varmak. Hiçbir şey yapmadan mı? Tam tersine, yaşayarak. Farkındalık içinde yaşayarak. Sıradan olandan etkilenerek, normal olanın etkisi altında. Aydınlanmış olarak.

Ders 9

Artık bakmadığımız şeye karşı kendimizi duyarlı ve mevcut hale getirmek: Sıradan ve alışıldık olan, dikkatimizi üzerine çekmeyi bırakmış olan her şeye karşı. Gündelik olanı hiç görmeden üstüne basıp geçmek ya da onu kölemiz haline getirmek yerine onun bize dokunmasına izin vermek. Dünyayı içimize davet etmek ve onda yalnızca o anki takıntılarımızla ilgili şeyler görmektense onun bütün inceliklerini, çeşitliliklerini keşfetmek. Zor bir şey değil bu, yalnızca üç koşulu var: İstemek (dikkatimizin darlığıyla yoksullaşmış sanal bir dünya yerine gerçek dünyada bulunmayı dilemek), izin vermek (zihnimizi boşaltmak ve dikkatimizi genişletmek) ve yapmak (başımızı kaldırıp gözlerimizi açarak gerçekten bakmak).

GÖRÜNMEZ OLANI GÖRMEK

Bizimle konuşuyor, kulağımıza mırıldanıyorlar. Ama ne söylüyorlar? Bu fısıltıları duyabilmek için önce durmak gerekiyor. Sonra da onları anlamaya çalışmak. Durmak, nefes ve bu natürmordu oluşturan nesnelerin seyrine dalmak. Natürmort, yani "ölü doğa", ne tuhaf adlandırma! İngilizcedeki *still life* adlandırması ve onun aynı anlama gelen Almanca ve Hollandaca karşılıkları, yani "hareketsiz yaşam" gerçeğe çok daha yakın: Bu resimler sessiz, sakin, dingin bir yaşamı gösteriyorlar. Bizi buna davet ediyor, içine katılmaya çağırıyorlar. Hareket halindeki şu faydacı dünyamızda ölü doğa bizi durduruyor: Hareketsiz yaşam, yararsız yaşam. Yararsız mı? Sıradan olandan başka bir şey göstermediği için mi? Oysa aslında onun bize gösterdiği sıradanlık bizim hiç bakmadığımız şeyin kendisidir.

Su Bardağı ve Cezve, Jean-Baptiste Chardin (*1699-1779*)

1761 civarı, tuval üzerine yağlı boya, 0,325 x 0,413 m, Carnegie Sanat Müzesi, Pittsburgh

Ona bakarsak görürüz: Görkemliliği içinde yalınlık. Hareketsizliğin arkasında gizli yoğun bir mevcudiyet. Bakarsak yanıp sönmeyen, kımıldamayan, parıldamayan, ses çıkarmayanın da önem ve yarar taşıyabileceğini görürüz. Bakarsak basit, ulaşılabilir, elde edilebilir olanın içinde güzellik, zekâ ve hatta zarafet bulunduğunu görürüz.

Bir keresinde bana cansız olana her zaman saygı duymamı öğütleyen bir zen rahibiyle yaptığım bir konuşmayı hatırlıyorum. Ama cansız dediğimiz nedir ki? Bana demişti ki, "kendisine vurduğumuzda bağırmayandır". Nesneler, eşyalar, hiçbir zaman bağırmayan bütün o madde parçaları. Bağırmazlar ama kimi zaman konuşurlar...

"Köy yaşamının bütün o sefil ve bayağı nesneleri içinde hiç göze çarpmadan bir köşede duranı, önemli olmayan şekli ve dilsiz doğasıyla gizemli, sessiz, sınırsız bir keyif kaynağı olabilecek olanı ara."

HUGO VON HOFMANNSTHAL, *Ein Brief* (Lord Chandos'un Mektubu)

Nesnelerin dersi

Tam farkındalıkla yaşamak, seyretmek için zaman ayırmaktır. Nesnelerin bize dokunmasına izin vermek için zaman ayırmak. Her gün karşılaştığımız ama sürekli görmekten artık görmez olduğumuz şeyler. Onların içimize girmelerine izin vermektir. Onların içine girmektir. Sınırları kaldırmaktır: Onlar olmak ve herhangi bir amaç taşımadan onların bizi ele geçirmelerine, bizi büyülemelerine göz yummaktır.

Evin bir köşesinde kendimizi onların dilsiz mevcudiyetlerine terk etmektir. Bu nesnelerin ne ölçüde bir sakinlik, yavaşlık ve süreklilik kaynağı olduklarını fark etmektir. Onlara yaklaşmak, onların içine dalmaktır. Kulağımıza modern felaketlerden iki tanesi olan hareketlilik ("Yapmak! Yapmak!") ve hızlanmaya ("Çabuk! Çabuk!") karşı direnmemizi fısıldadıklarını duymaktır. "Nesnelerin şefkatine karşı kendinizi koruyun," diyor şair Paul-Jean Toulet. Evet, çünkü o şefkat bizi çok uzaklara sürükleyebilir. Ama onlara karşı kendimizi korumak yerine, tam aksine onlara özen gösterelim. Nesnelerin şefkatinin değerini bilelim: O hareketsiz yaşam bizi hareketsiz yolculuklara çıkaracaktır.

Gizli bağlar

Sıradan nesneler sıradan değildirler: Şahanedirler. Su, bardak, kahve cezvesi, masa, duvar, sarımsak dişleri: Hepsi şahane. İçmek, yemek, üretmek, zeki, meraklı ve üretken bir türe mensup olmak: Şahane. Her gün görmeden yanından geçip gittiğimiz fark edilmeyen ve paha

Sıradanlık bizi insanlığa açtı. Çünkü biz onu kabul ettik, karşıladık, dinledik, gördük, hissettik, sevdik. Onu değiştirmeyi, güzelleştirmeyi, üzerinde oynamayı istemeden. Onu olduğu gibi seyrettik.

biçilmeyen zenginliklerin hepsine gözlerimizi açmak: Şahane.

Elbette ki bakmayanı, görünmez olanı görebilmek bir çaba, mikroskobik bir mevcudiyet ve bakış çabası ister. Asla yalnız olmadığımızı, bin tane bağın ortasında bulunduğumuzu görmek: Bu testiyi, bu masayı üretmiş olan insanlar, suyun susuzluğumuzu giderebilmesi için kaynakları aramış, su kemerleri inşa etmiş olanlar, bir bardağın kumdan nasıl yapılabileceğini çözmüş olanlar, bu sarımsağı ekip yetiştirmiş olanlar. Bütün bu mucizeleri bundan birkaç asır önce Chardin adında bir ressam bizim için resmetmiş. Biz ise şimdi ona bakıyoruz. Tıpkı başkalarının bizden önce bakmış olduğu ve daha başkalarının da bizden sonra bakacakları gibi. Bizim gibi su içme, sarımsağın kokusunu ya da tadını tanıma, bir masanın üzerini eliyle okşama deneyimini tadacak başkaları gibi.

Sıradanlık bizi insanlığa açtı. Çünkü biz onu kabul ettik, karşıladık, dinledik, gördük, hissettik, sevdik. Onu değiştirmeyi, güzelleştirmeyi, üzerinde oynamayı istemeden. Onu olduğu gibi seyrettik. Ve kendimizi canlı hissettik, insan gibi hissettik, zevk aldığımızı hissettik. Burada, mutfağın bu köşesinde, bu sıradan nesnelerle birlikte olmaktan mutlu olduk. Doğayla, insanlarla, tarihimizle bu şekilde bağ kurmaktan usulca bir mutluluk duyduk. Chardin'in bize gösterdiği şekilde bakarsak, her bir basit nesne birer hazine sandığıdır. Şunu bize hediye etmişlerdi, bunu almaya şu tarihte şurada karar vermiştik. Şuradakiyse çok eski bir geçmişte, buradan çok uzak bir kıtadaki insanlar tarafından icat edilmiş ve yaratılmıştı. Buradaki de çok uzaklardan geliyor...

Nesnelerdeki mevcudiyet içimizdeki ve çevremizdeki insanlığın bir farkındalığı gibi, sevinç dolu bir borç, sonsuza genişletilmiş bir minnet gibidir: Bundan sonra nasıl olur da kendimize insan düşmanı der ya da kibirle dolabiliriz?

Temel olana gitmek

Bir adım daha ileri gidebiliriz.

Farkındalığımızın gölgesinde yaşamakta olan bu sessiz nesnelerin bize anlattıkları öykülerin daha da ötesine geçebiliriz. Onları hiç düşünmeden, düşlemeden seyredebiliriz. Seyre dalmak adını verdiğimiz bu eylem, André Comte-Sponville'in müthiş tanımına göre "bir şeyi ona sahip olmayı, onu kullanmayı ya da yargılamayı istemeksizin var olduğu şekilde tanımakla yetinen farkındalığın yaklaşımı"dır.

Seyre dalmak, ummadan, göz dikmeden, yorumlamadan bakmaktır. Bizi çevreleyen dünyaya karşı açık ve meraklı bir alçak gönüllülük konumu geliştirmektir. Özellikle de bu küçük, hareketsiz ve görünmez dünyaya karşı.

Nesnelere oldukları gibi bakmaktır. Bize söyledikleriyle bile ilgilenmemektir. Tarihleriyle ("Bunu bana verdiler", "onları ben topladım", "bunu üzgün olduğum yağmurlu bir günde satın aldım"), amaçlarıyla ("Benim şu ya da bu işime yarıyorlar"), onlar üzerindeki yargılarımızla ("Bu çok güzel", "şu çirkin", "bunlar tuhaf") bütün ilişkimizi usulca kesmektir. Zihnimizdeki bu sözleri usulca aşmak ve onlardan daha öteye geçebilmektir: Nesneleri sakin birer madde olarak sırları içinde görebilmektir. Yalnızca oldukları şeyle bağ kurmaktır. Tek kelime etmeden, onlardan sessiz bir bilgelik dersi almaktır.

Hareketsiz olan, görünmez olanı açığa çıkarır; tıpkı sessizliğin temel olanı açığa çıkardığı gibi. Dünyayı düşünmeye kalkışmadan önce onu olduğu gibi kabul etmeye özen gösterelim…

Ders 10

Gündelik nesneleri seyretmenin vereceği baş dönmesine kendimizi terk etmek: Bir elma, bir ayakkabı, bir ot filizi, bir telefon… Onlara dokunmak, onları okşamak, gözlemlemek. İlk önce kendimizi onların anlatmak istediklerine bırakmak: Varoluşlarını ne çok zekâ ve çabaya borçludurlar, burada, karşımızda, yaşamımızda olmaları ne çok tarihçenin sonucudur. Sonra usulca düşüncelerin geri çekilmesine izin vermek ve nesnenin özüyle baş başa kalmak, onlardan sessiz mevcudiyetlerinden başka hiçbir şey istemeden. İhmal edilen, unutulan tencerenin ya da süngerin şaşırtıcı ve dinginleştirici gizemi. Bir tek benim ihmal etmediğim, unutmadığım. Önemsiz olana yapılan bu ziyaretler benim hayret verici şansıma da bir teşekkür, bir saygı duruşu gibidir: Ben bir insanım, yaşıyorum ve farkındayım.

ÖNEMLİ OLANI GÖRMEK

Hiçbir kötülük taşımayan, dostça, kibar bir saldırı bu: Tablonun arka planındaki neşe dolu şekiller ve renkler tufanı bakışımıza kendini dayatıyor, zorla önce gözlerimizin içine, oradan da beynimize giriyor. Güzel bir görüntü ama duyusal anlamda vahşi ve zorba. Zihnimiz sanki görüntünün kuvveti tarafından ele geçiriliyor. Bütün bu çizgileri, yıldızları, dalgalanmaları ve diğer ışıltıları içeren bu büyük spirali kafamızın içinde döndürmeye kendimizi sanki zorunlu hissediyoruz. Nöropsikoloji araştırmacıları beynimizin bölgelerinden bir kısmının beynin içinde tuvalde var olmayan bir hareketi yaratmakta olduğunu açıklıyorlar. Resim saldırgan ve neredeyse nezaketsiz: Edepsizce, kabaca farkındalığımıza kendini dayatıyor. Ancak ne de olsa tek yapmamız gereken ona bakmamak, başka bir deyişle orada olmamak. Neyse ki bu adam var,

Félix Fénéon Portresi, Paul Signac (*1863-1935*)
1890, tuval üzerine yağlı boya, 0,735 x 0,925 m, New York Modern Sanat Müzesi

ciddi yüzlü, köşeli yüz hatlı, ağırbaşlı bir diklik içinde donup kalmış, bu uzun boylu adam. Kendisini çevrelemekte olan o görsel gürültü patırtıyı hiç umursamıyor gibi. Bakışını, saflığın simgesi olan zambağı anımsatan, güzel bir beyaz çiçeğin üzerine çevirmiş. Gözü ondan başka bir şey görmüyor. Ve dolayısıyla onun sayesinde biz de önemli olanın bu çiçek olduğunu anlıyoruz. Onun sayesinde asıl önemli olanın bu solgun, beyaz, narin, renksiz, güçsüz çiçek olduğunu, ona bakmamız ve onu korumamız gerektiğini anlıyoruz.

Çünkü bu güzel ve şamatacı, saldırgan ve zorba kocaman spiral, günümüzün güçlü ve acımasız tüketim toplumunun bir yansımasıdır. Bizi hipnotize edip kölesi haline getirmeye, bizi zihinsel olarak yutup tüketmeye hazır. Ondan ancak bakışımızı bu çiçeğe çevirerek, bütün farkındalığımızı koruyarak kurtulabiliriz...

"Ah, yalnızlığa nasıl ihtiyacım var! Güneşin batışında tepeyi tırmandım, ufuktaki dağların sırasını görebilmek için."

Henry Thoreau, *Journal of Henry David Thoreau*

(Henry David Thoreau'nun Günlükleri, Ağustos 1854)

Kargaşalar ve yapaylıklar

İçinde bulunduğumuz çağı pek çok şeyle suçlayabiliriz ama sahip olduğu bir büyük niteliğin de hakkını vermeliyiz: İçerdiği değişiklikler, sürat, karışıklıklarla bizlere, bizden önceki kuşakların asla göremedikleri cinsten zevkler ve olanaklar sunan şaşırtıcı bir zenginliğe ve sürükleyiciliğe sahip. Ancak bütün bu zenginlikler ve bu sürat arkalarında belli tehlikeleri gizlemiyorlar mı? Çoğu zaman gündelik dış dünyamızı oluşturan o yanıp sönen, göz alıcı, ilgi çekici şeyler içlerinde belli sefaletleri taşımıyorlar mı? Güncel dünyamızın doğuşunu ve büyüyüşünü gören şairler uzun zamandır buna inanmak-

tadırlar. Stefan Zweig şöyle diyordu: "Varoluşumuzun yeni koşulları insanları her türlü yoğunlaşmalarından koparıp onları ölümcül bir öfkeyle, tıpkı bir orman yangınının hayvanları saklandıkları ücra köşelerden çıkarıp kovaladığı gibi kendi kendilerinden uzaklara fırlatmıyor mu?" Nietzsche ise şunu söylüyordu: "İnsanlığın bütün kurumları düşüncelerinin sürekli dağınıklığından dolayı insanların yaşamlarını hissetmelerine engel olmayı amaçlamakta değil midir?"

Farkındalığımızın var olup gelişebilmesi için onu uyarıcı ve besleyici olduğu kadar zehirli ve ele geçirici de olabilen bir dünyaya karşı korumak zorundayız.

Zihnin atıkları

Kimyasal atıklar vardır: Besinleri, havayı, suları kirletirler. Bir de ruhsal atıklar vardır ki bunlar da zihnimizi kirletir, mahremiyetimize tecavüz eder, iç dengemizi yerinden oynatırlar. Sloganlar, reklamlar ve diğer ticari yönlendirmeler: Çok ve çeşitli hasarlara yol açtığını bildiğimiz bu *psikotoksik* maddecilik üzerine pek çok inceleme yapılmıştır. Örneğin dikkatin, farkındalığın ve iç dünyaların hırsızlığı. Bütün bu dikkat hırsızlıkları sonucunda zihnimiz hangi hale geliyor? Çünkü dikkatimiz hiç durmaksızın ele geçirilmekte, yakalanmakta ve sonuç olarak parçalanmakta, bölünmektedir. Sonunda zihnimiz gürültülü olana, yanıp sönene, kolay olana, önceden sindirilmiş ve önceden düşünülmüş olana "tiryaki" hale gelebilir. Farkındalık hırsızlıkları sonucunda zihnimiz hangi hale geliyor? Zihnimiz gereksiz düşünceler, yöntemler ve içeriklerle dolup taşıyor: Karşımıza çıkan reklamları okumak, "daha ucuz" olanla "çok daha ucuz" olan arasında tüketim tercihleri yapmak, "iyi bir alışveriş" yapabilmek uğruna çok fazla enerji harcamak, sürekli dönüp duran ve günden güne kendini tekrar eden haberlere boğulmak. İç dünyalarımızdaki hırsızlıklar sonucunda zihnimiz hangi hale geliyor? Gitgide daha fazla dışarının cazibesine ve dikkatimizi dağıtmasına maruz kalıyoruz. Zihnimizi dolduran düşünsel ve davranışsal şeylerin içi boş etkinlikleri. Oysa, nasıl sözün duyulabilmesi için sessizlik gerekiyorsa, farkındalığın ve iç dünyanın ortaya çıkabilmesi için de zihinsel alana gerek vardır. Farkındalığımızın sabit diski çok fazla gereksiz şeyle yüklüdür.

Çünkü farkındalık iç dünyaya aittir. Dışarıdakinin peşinden ne kadar çok koşarsak farkındalıktan o kadar uzaklaşırız. Bu nedenle de bütün bu dikkat ve farkındalık hırsızlıkları iç dünyamızda bozulmalara yol açar. Düşüncelerimizin de kısalmasına neden olurlar. Tiziano Terzani'nin dediği gibi: "Bugün fazlasıyla uyarılır haldeyiz, o kadar ki zihnimiz asla huzur bulamıyor. Televizyonun gürültüsü, arabadaki radyonun sesi, çalan telefon, önümüzden geçip giden otobüsün üzerindeki reklam panosu. Uzun süreli düşüncelere sahip olamıyoruz. Düşüncelerimiz kısa. Düşüncelerimiz kısalıyor çünkü çok sık bölünüyoruz." Düşüncelerimiz kısa oldukları gibi her zaman da içe dönük olmuyorlar, yapmacık dünyanın kargaşası ve göz alıcılığı tarafından sanki dışarıya hapsediliyorlar. Bizim dışımızda bulunuyorlar, sonunda da bizim kendi düşüncelerimiz olmaktan çıkıp dışarıdan gelmiş, basmakalıp zihinsel içeriklere, ruhu olmayan bir dünyanın yankılarına dönüşüyorlar. Yazar Louis-René des

Forêts şöyle yazmış: "Aşırı bolluğun verimlilikle hiçbir ilgisi yoktur." Zihinlerimiz dışarıdan gelen gürültü patırtının boşluğunun kendilerini fazlasıyla doldurmasına izin verdikçe üretkenliklerini yitiriyorlar...

Bu durumda da, doğal olarak, düşünmeye ve kendi içimize bakmaya çabaladığımızda, yani süreklilik içinde, sessizce, sakince kendi kendimize düşünmeye kalkıştığımızda bunu nasıl yapacağımızı bilemiyoruz ya da hatırlayamıyoruz. Daha da kötüsü, bu alışkanlığı yitirmiş (ya da hiç edinememiş) olduğumuz için ortaya kaygılar, sıkıntı ya da sürekli dönüp duran kuruntular çıkıyor. Bunun üzerine de vakit kaybetmeden yeniden kendimizin dışına çıkıyor, içimizi rahatlatan o kargaşa ve zihnimizi dolduran şeylere geri dönüyoruz. Böylece genel bir iç dünya yetersizliği çekiyoruz. Çünkü toplumumuzda içimize bakmamıza izin veren her şeyin eksikliği çekiliyor. Yetersiz kalıyoruz.

Yavaşlık, sakinlik, süreklilik yetersizlikleri...

Yetersizlikten doğan hastalıklar sinsidirler. C ya da D vitamini veya Omega 3 ya da selenyum yetersizliği çekiyorsak, başlangıçta hiçbir şey olmaz. Acı hissetmeyiz, boğulmayız, yere yığılmayız. Etkisi hemen görülmez. Ancak eksikliğin etkisi arttıkça çekilen yetersizliğin belirtileri yavaş yavaş görülmeye başlar. Çoğu zaman bunun nedenini de nereden geldiğini de anlayamayız. Yetersizlik kendini her zaman böyle usulca, yavaşça, sinsice gösterir. Hiçbir zaman gürültülü bir şekilde gelmez.

Bolluklarla dolu toplumumuz aynı zamanda da pek

> Tam farkındalık, zihnimizin içinde gizlenmiş olan bu atıkların farkına varmamıza yardım eder. Bizi onlardan korur: Kendi içimize bakabilme ve kendi kendimizle yeniden bağ kurabilme becerilerimizi geri kazanmamıza olanak verir.

çok eksiklik yaratır ve bu ikisi birbirine bağlıdır. Örnek olarak çokluktan gelen hastalıklarına bakın, fazlalıktan kaynaklanan modern hastalıklara: Yiyeceklerin fazlası bizleri obez yapıyor, fazla mal sahibi olmak bizi hırçınlaştırıyor. Bir şeyin fazla olması her zaman başka bir şeyin eksik olduğu anlamına gelir. Aşırılık zorunlu olarak yetersizliği yaratır. Örneğin, endüstriyel gıdaların, rafine edilmiş, mikroplardan arındırılmış gıdaların yalnızca "fazlalık" yüzünden değil (fazla ortalıkta, erişimi fazla kolay, fazla şekerli, fazla iştah artırıcı ve dolayısıyla şeker hastalığına ve şişmanlığa yol açıcı) aynı zamanda da "yetersizlik" (çeşitli vitaminler ve mikro-elementler bakımından) nedeniyle sağlıksız olduğunu biliyoruz. Çağımızın yetersizlikleri aynı zamanda ruhsal gereksinimlerimizi de etkiler. Örneğin sakinlik, yavaşlık, süreklilik gereksinimlerimizi. Stres, duygusal dengesizlik, zihin dağınıklığı türünden hastalıklara yakalanmamak adına bu gereksinimler için mücadele etmemiz, onları korumaya çalışmamız gerekir.

Yetersizliğine karşı mücadele etmek, acele etmemek demektir. Bir etkinlikten diğerine koşmamaktır. Aynı anda birkaç iş birden yapmamaktır. Mümkün olan her durumda usulca ve sakince hareket etmektir. "Hiçlik kürleri" yapmak, basit olanın, sakin olanın, tek etkinliğin üzerinde çalışmaktır. Ayrıca zaman çizelgemizin içinde zihnimizi dolduran şeyleri ayırt edip onlara karşı dikkatli olmaktır: Kimi zaman hafta sonlarında ya da tatillerde kendimize yüklediğimiz çılgın etkinlik programlarına karşı... Sakinlik yetersizliğine karşı mücadele etmek, saldırılardan, uyarılmalardan kaçmaktır. "Fazla" olan her şeye karşı yeniden duyarlı hale gelebilmektir: Sürekli müziğe, sürekli görüntülere, sürekli ekranlara. Bunlardan uzaklaşalım. Özgürlük eylemi: Gözlerimizi kapamak, dikkatimizi çalan, hem düşünme zamanımızı hem dinlenme zamanımızı kemiren bu ekranlara bakmamak... Süreklilik yetersizliğine karşı mücadele etmek: Gün boyunca hiç durmadan karşımıza çıkan engelleme ve bölünmeleri ayırt edebilmek, bunlarla ilgili farkındalık düzeyimizi yükseltmek. E-postalarımıza, kısa mesajlarımıza bakma, birilerine telefon etme ya da internette biraz gezinme durtusune karşı koymaktır...

Tam farkındalık, zihnimizin içinde gizlenmiş olan bu atıkların farkına varmamıza yardım eder. Bizi onlardan korur: Kendi içimize bakabilme ve kendi kendimizle yeniden bağ kurabilme becerilerimizi geri kazanmamıza olanak verir. Bizi sürekli bir buyruk, oyalanma ve dışa dönük etkinlik bolluğu altında yaşamaktan uzaklaştırır.

Bize hiçbir şey yapmadan yalnızca orada kalmayı önerir. Gözlemleme noktamızda, kendi içimize baktığımız gözcü yerinde. Tam farkındalık uygulaması bir yerlere tutunup kalmayı bırakmamıza yardımcı olur: Onun içinde hiçbir şey aramayız, hiçbir hedefimiz yoktur. Kendimize zaman verir, yavaşça ilerlemeyi özgürce kararlaştırırız. Oturmak için, gözlemlemek için, hissetmek için zaman ayırırız.

Çok az zaman da olsa, yalnızca birkaç saniye bile olsa: Gözlerimizi yumup da eylemi bıraktığımız anda tam farkındalığın içindeyizdir. Şimdiden özgürlüğün içine girmişizdir.

Meditasyon uygulaması: acil olanla önemli olan arasındaki seçimin tam yeri

Günümüz toplumlarının hareketsizliği nasıl bedenlerimizde spor gereksinimini yaratmışsa, aşırı uyarılma da zihinlerimizde meditasyon gereksinimini uyandırır. Daha önce gördüğümüz gibi, tam farkındalık bize bu temel gereksinimlerimize yaklaşmamız için yardımcı olabilir: Yavaşlığa, sakinliğe, sürekliliğe. Bunların doyurulması önemli bir süreçtir. Acil değil ama önemlidir.

Yani yaşamlarımızda acil olan ve önemli olan şeyler vardır. Acil: E-postalarımı yanıtlamam, işimi tamamlamam, alışveriş yapmam, sızdıran musluğu onarmam... Acil olan şeyleri yapmazsam hemen cezalandırılırım, başım derde girer. O halde onları yerine getiririm. Önemli: Doğada yürümek, bulutların geçişine bakmak, arkadaşlarımla konuşmak, nefes alıp vermeye zaman ayırmak, hiçbir şey yapmamak, yaşadığımı hissetmek... Eğer önemli olan şeyleri yapmazsam hiçbir şey olmayacaktır. Hemen bir sonucu olmayacaktır. Oysa yaşamım yavaş yavaş donuklaşacak, hüzünlü hale gelecek ya da tuhaf bir şekilde anlamdan yoksun kalacaktır.

Yaşamlarımızda her gün acil olanla önemli olan arasında çatışmalar yaşanır. Önemli olanı acil olana tamamen feda etmemek için ne yapmalı? Acil olanın diktatörlüğüne yavaş yavaş boyun eğmemek, bu diktatörlüğün belli bir sürenin sonunda benim her türlü talebi, gerçekte öyle olmasa da ya da en azından bana düşündürdüğü derecede olmasa da, acil olarak görmeme neden olmasını engellemek için ne yapmalı?

Elbette ki düşünmeli. Ve meditasyon yapmalı.

Ancak tam farkındalık uygularken bile bu çatışmayla sürekli karşı karşıya kalırız: Daha yeni oturup da gözlerimi yummuşken düşüncelerim yapılacak işlerimi bana hatırlatmak için saldırıya geçerler. "Şu e-postayı göndermeyi unutma. Bilmem kimi aramayı aklından çıkarma. Dur, bu fikri unutmamak için not almalısın. Burada böylece oturup da meditasyon yapmaya çalışacağına ayağa kalkıp bütün bu işleri unutmadan halletsen çok daha iyi edersin. Hem zaten bugünkü alıştırman da iyi gitmiyor, aklın bu işte değil. Haydi, pes et de ayağa kalk. Daha sonra bir zaman bulursun elbet. Meditasyon bekleyebilir. İşin gibi değil ki…"

Acil olan, her zaman önemli olan için ayırmaya çabaladığım o küçücük yeri ele geçirmeye kalkışır. Doğası böyledir. Bu yüzden de eğer hayır demeyi öğrenmezsem, bu çabayı göstermezsem kaybolurum. Hareket eden ama içi boş bir robot gibi yaşamama durumunda bir hayat sürerim. İstediğim bu mu peki?

Tam farkındalık bana önemli olanı korumayı öğretir. Kendime usulca şunları söylemeyi: "Hayır, hayır, ayağa kalkmayacağım. Gözlerimi açmayacağım ve alıştırmamı bölmeyeceğim. Burada oturup gözlerim kapalı, kendi nefesimin ve çevremdeki dünyanın nefes alıp verişinin farkına varmaya devam edeceğim. Bu önemli. Çok önemli. Sonsuz derecede önemli. Şu anda başka hiçbir şey bu şekilde burada kalmam kadar önemli olamaz." Tam farkındalık alıştırmaları sırasında hayır demeyi öğrendikten, bu "hayır"ın deneyimini yaşayarak faydalarını hissettikten sonra bu yavaş yavaş yaşamımın geri kalanına da yayılacaktır. Orada da hayır diyebilmeme, aciliyetlerin coşkun seline set çekmeme, "çabuk yap, haydi, acele et"lerin yanlış alarmlarına karşı açık görüşlülüğümü artırmama yardım edecektir.

Gülümsemek gerekir, kazanılan bütün bu küçük zaferlerin beni biraz daha zeki ve biraz daha mutlu kılmakta olduğunu anlamak. Ayrıca yaşamımda önemli olan için azar azar yer açmama da yardımcı olduğunu anlamak. Bir yıllığına Walden'a ormanlarda yaşamaya giden Thoreau'yu düşünelim: "İnsan vazgeçilmez olanları bir kere elde ettikten sonra sıranın fazlalık olan şeyleri elde etmeye gelmemesi için önünde bir seçenek daha vardır; o da şimdiki yaşamın içinde maceraya atılmasıdır."

Ders 11

Bıkıp usanmadan zihnini "modern yaşam"ın saldırı ve uyarmalarına karşı korumak. Bunun için yapılması gerekenler arasında şunlar var: Radyoyu, televizyonu, bilgisayarı hiç düşünmeden açmak gibi bütün otomatik davranışları kovalamak, zihnimiz için kıskançlıkla süreklilik vahaları ayırmak (telefon ya da internet mesajlarıyla rahatsız edilmeye, bölünmeye izin vermemek), etkin bir vatandaş olduğumuz düşünüldüğünde sessizlik ve sakinliğin bizim için vazgeçilmez birer gıda olduğunu ve bunlardan fazla uzun süre yoksun kalmanın bizi usul usul hasta edeceğini akımızdan çıkarmamak.

EYLEME
GEÇMEK VE GEÇMEMEK

Bu parke güzel olacak! Duvarlar bitmiş bile, bembeyaz üzerine altın yaldızlı kabartmalarıyla muhteşemler ve düz çizgileri balkonun arabeskleriyle neşe içinde kesintiye uğruyor. Üç işçi ayrıntıya önem verme ve işini iyi yapma kaygısıyla sakince çalışmaktalar. En soldakinin tahta keskisini nasıl hassas bir özenle kullanmakta olduğuna dikkat edin. Bu arada iki arkadaşı da bir yandan aralarında bir şey konuşurlarken bir yandan da kocaman rendelerini gezdirmeye devam ediyorlar. Bu ham tahta parçalarından ortaya çıkarmakta oldukları güzel parke hakkında mı konuşuyorlar? Ücretleri hakkında mı? Gelecek pazar, Nogent'da Marne Nehri üzerinde yapacakları kayık sefası hakkında mı? Yoksa aşk, seçimler, sürmekte olan yaşam hakkında mı?

Caillebotte burada eylemin çeşitli biçimlerini resmediyor: dikkatli ya da otomatik, tek başına ya da ortak... Ayrıca eylemin yakında duracağını da sezdiriyor: Bu parke kardeşliği için birbirine karışan talaş ve ter kokuları arasında küçük bir kadeh şarabın tadını çıkarabilecekleri hak edilmiş bir dinlenme zamanı.

Parke Rendeleyicileri, Gustave Caillebotte (*1848-1894*)
1875, tuval üzerine yağlı boya, 1,02 x 1,47 m, D'Orsay Müzesi, Paris

"Dans ederken dans ederim; uyurken uyurum; güzel bir meyve bahçesinde tek başıma gezinirkense eğer düşüncelerim zamanın herhangi bir parçasındaki bazı tuhaf olaylara takılıp kalmışsa bunları da gezintime, o meyve bahçesine, yalnızlığımın hoşluğuna ve kendi içime taşırım."

MONTAIGNE, *Denemeler*

Meditasyonun eyleme gereksinimi vardır

Hareketsiz ve dünyadan kopuk olmak mı? Evet, tam farkındalık alıştırmaları gerçekten de buna benzer. Ama bu yalnızca bir süre içindir. İki eylem süresi arasında bir soluklanma kadardır. Sonunda her zaman eyleme geri döneriz. Meditasyon, yapısı gereği eyleme bayılır, yoksa olduğu yerde dönüp duracaktır. Tam farkındalığa ulaşsak da ulaşamasak da eyleme geçmeden önce, eylemi tamamladıktan sonra ve hatta eylem sırasında bile meditasyon yaparız.

"Eylem dışı" düşünceye karşı her zaman kuşkuyla yaklaşmak gerekir, tıpkı "toprak dışı" yetişen, seralarda gerçek toprakla hiç ilgisi olmayan yapay besleyicilerle büyüyen meyve ve sebzelere karşı olduğu gibi. Gündelik eyleme hiç girişmeyen insanların kuramsal düşüncesinden her zaman kuşku duyulmalıdır. "Eylemi düşüncenin, düşünceyi de eylemin sınavından geçirmek gerekir," diye yazmıştı Goethe. Ancak eylemi de hiçbir zaman bütünüyle düşüncenin egemenliği altına sokmamak gerekir: Onu yalnızca amaç ("Yakında bitecek mi? Ne kadar da uzun sürdü...") ya da yargılama ("Bu çok hoş", "bu çok zahmetli...") saplantısı içinde yerine getirmek olmaz.

Sonuçta eylemi serbest bırakmamız, onun yalnızca kendi olabilmesine düzenli biçimde izin vermemiz gerekir.

Eylemi serbest bırakmak: "yalnızca" yaklaşımı

Eylemlerimizi serbest bırakıp yoğunlaştıralım ki "yalnızca" kendileri olabilsinler: Yalnızca yemek (okumadan ya da radyo dinlemeden), yalnızca yürümek (telefonla konuşmadan, düşünmeden, beklemeden), yalnızca dinlemek (kendi söyleyeceklerimizi hazırlamadan, bize söy-

lenenleri yargılamadan). Öyle görünmese de "yalnızca" aslında son derecede zordur: Çoğu zaman içimizde aynı anda birden fazla şeyi yapma dürtüsü hissederiz. Gerçek hayatta: okurken yemek veya telefonla konuşurken yürümek. Ya da kafamızın içinde: Bir şeyi yaparken başka bir şey düşünmek (duş alırken iş gününü düşünmek). Bu durumda her şeyi tam farkındalıkla değil, tam dalgınlıkla yapmış oluruz.

Tam farkındalık basit eylemin sürekli olmayan ama düzenli şekilde tekrarlanan temizliğini öğütler: Her hafta bir öğünü tam farkındalık içinde (sessiz olarak, okumadan, radyo ya da muhabbet olmadan) yemeyi önerir. Ya da sık sık tam farkındalıkla yürüyüş yapmayı: Usulca, yavaşça, vücudumuzun yürümekte olduğunu, kendi içimize kabul etmekte olduğumuz bir ortamın içinde, varlığımıza sürtünüşünü hissettiğimiz bir duyular denizinin içinde yürüdüğünü hissederek yürümek. Yürümek için yürümek. Söylenmeden, surat asmadan, acele etmeden yalnızca bulaşıkları yıkamak ve çöpü dışarıya çıkarmak: Ama tam farkındalık içinde...

Eylemde mevcudiyetin erdemleri

Bu çabalar ne için? Sonuç olarak bir yerine iki yaşam sürmekten, her an bir yerine iki şey birden yapmaktan vazgeçmek ne diye? Çünkü iki kat fazla yaşamayı isteyerek iki kat az yaşama riskine gireriz çünkü kötü olan iki kat artar; iki kat daha üzgün, iki kat daha sinirli, iki kat daha içi boş, iki kat daha anlamsız.

"Sonuç odaklılık çılgınlığı"ndan kaçınmak önemlidir. Yalnızca yapmak için değil, aynı zamanda olmak için de eylemde bulunmayı denemek gerekir. Eylemimizdeki zihinsel mevcudiyetimiz gerçek bir insan olma hissimizi, dünyada var olma hissimizi güçlendirir. Bizi otomatik eylemlerden, yalnızca birkaç dakika sonra yapmış olduğumuzu unutacağımız işlerden kurtarır. Eylemimizdeki zihinsel mevcudiyetimiz aynı zamanda bizi eylemin var olmasına neden olan şeye de yaklaştırır. Yeme anında orada mevcut olmak yediğimiz şeyin lezzetini artıracaktır. Bizimle konuşan birini dinlemek, dinlerken onu yargılamak ya da dinliyormuş gibi görünürken aslında vereceğimiz yanıtı hazırlamak yerine onu gerçekten dinlememize izin verir.

Son olarak, eylemimizdeki zihinsel mevcudiyetimiz bir eylemin hangi noktada yararsız hale geçtiğini anlamamızı da kolaylaştırır: Yediğimiz ya da içtiğimiz anın içinde mevcut bulunmak, yemeyi ya da içmeyi sürdürmeye artık gerek kalmadığı anı hissetmemize yardımcı olur. Tam farkındalık bir konuşmanın ne zaman bir sağırlar diyaloguna dönüştüğünü algılamamızı sağlar. Ne zaman susmamız, ne zaman konuşmamız gerektiğini...

Dürtülere boyun eğmemek

Bir önceki bölümde sözünü ettiğimiz gibi, "daha acil" bir şeyler yapmak üzere meditasyon egzersizlerimizi bölmek için dürtüler hissederiz. Bu durum bizi çalışırken de ele geçirebilir (özellikle de karmaşık, sıkıcı ya da stresli bir iş yaparken), yeni bir e-posta ya da kısa mesaj gelmiş olabilir mi diye bakma isteği, bir telefon açma, bir kahve molası verme, iş arkadaşlarımızla sohbet etme, bir şekerleme ya da pasta yeme isteği duyabiliriz...

Tam farkındalık bize, bu dürtülere boyun eğmeden önce onların nasıl doğduklarına dikkatimizi vermemizi

önerir, kendimizi onlardan soyutlamamızı öğütler. Onları kabul etmeliyiz: "İşte, işime ara verme isteği duyuyorum." Onları incelemeliyiz: "Bu istek beni yapmakta olduğum şeyi bırakmaya zorluyor çünkü bu zor bir iş." Sonra da onlara boyun eğip eğmeyeceğimizi kendimize sormalıyız: "Bu dürtüye boyun eğmem önemli, yararlı ya da gerekli mi?" Elbette ki çoğu zaman bu ne önemli ne yararlı ne de gereklidir. Yalnızca bir alışkanlık dürtüsü: Eylem, eylem, eylem... Bir de kaçış duygusu, zorluk içinde bulunduğumuzda, bir fikir bizi heyecanlandırdığı ya da uyardığında başka yere gitme isteği. Ya da sıkıldığımızda veya tam tersine her şey yolundayken: Yalnızca zehirlenmiş olduğumuz için. Yalnızca dürtünün kaşıntısı başladığı zaman rahatlamak üzere eyleme başvurduğumuz için.

Bu basit dürtülerin nasıl doğduğunu daha iyi algılamak daha karmaşık dürtüler karşısında da bize yardımcı olacaktır: Eleştirildiğimizde saldırıya geçme, üzüldüğümüzde kuruntuya kapılma, bir belirsizliğe girdiğimizde endişelenme dürtüleri gibi. Tam farkındalığın yalınlığı bize hiç belli etmeden yaşamın karmaşıklığı içinde daha rahat yol alabilmeyi öğretir.

Boyun eğmemeyi öğrenmek basit bir kişisel aydınlanma ve özgürleşme eylemidir...

Eylemi bırakmak

Peki ya zihnimize iki eylem arasında nefes alıp vermek için daha sık izin versek? Bir telefonu kapattıktan sonra hemen yine birine telefon açmak yerine durup bir an gözlerimizi kapayalım, nefesimizi hissedelim ve konuşulanları aklımızdan geçirelim. Arkadaşlarımız gittikten sonra bir an önce yatabilmek için aceleyle ortalığı toplamak yerine bir an durup, gözlerimizi kapatıp nefesimizi hissedelim ve geçirdiğimiz paylaşım ve sevgi anlarını yeniden düşünelim. Bir yakınımızla tartıştıktan sonra acımızın ve ruh halimizin üstünü yeni bir eylemle örtmek yerine, durup bir an gözlerimizi kapayalım, nefesimizi hissedelim ve bizim için değerli olan bu bağı kırmış olan şeyi yeniden düşünelim.

Peki ya tam farkındalıkla eylemlerimizden sonra, hiçbir şey yapmama durumunun içinde de tamamıyla mevcut olabilmeyi öğrensek? Eylemlerimize yorgunluktan başka nedenlerle de ara vermeliyiz. Eylemsizliği uygulamak için...

Meditasyonda hareketsizliğin uygulanması bize bu eylemsizlik kavramıyla ilgili çok şey öğretir. Burada hareketsiz oturmuş, dikkatli ve algılarımız açık durumdayken bu hareketsizliğin de yeni bir eylem olmaması gerektiğini anlarız. Hareketsizliğin istenmiş, zorlanmış ya da bedenimize dayatılmış olmaması gerektiğini, bizim ona yalnızca izin vermiş olmamız gerektiğini anlarız. Onun bedenimizin içinde kendini göstermesine izin vermeye çalışırız. Kontrol yoluyla değil, bırakma ve gözlem yoluyla: Sana kıpırdamanı, burnunu kaşımanı, doğrulmanı söyleyen düşünceyi gözlemleyerek. Onu iyi gözlemle ve peşinden gitmeyi gerçekten isteyip istemediğine karar ver.

Ne olursa olsun peşine hemen düşme, her durumda onu birazcık beklet. Ve hareketsiz kal. "Hareketsizlik vücudumun herhangi bir kısmına dayatılmış yeni bir eylem değil, bütün varlığımın eylemsizliğidir," diye hatırlatıyor bir üstat. Evet, gerçekten öyledir: Farkındalığımızın içinde soluklanacağı hareketsizlik, zorlamaktan değil bırakmaktan doğar...

Eylemsizlik ve özgürlük

Ama kendini bırakmak ve hiçbir şey yapmamak gerçekten zordur! Kolay görünür ama hiç de öyle değildir. Çevremizde bize seslenen o kadar çok şey ve bizi sorguya çeken o kadar çok insan vardır ki! Öyle çoktur ki bütün ömrümüzü böyle geçirebiliriz. Bütün bir ömrü yapılacak şeyleri yerine getirerek geçirdikten sonra hiçbir şey yaşamadan ölebiliriz pekâlâ. Bu yüzden de eylemsizliğe gerek duyarız.

Eylemsizlik, eylemin soluklanmasıdır. Gürültüden sonraki sessizlik gibidir. Gündelik yaşantı içindeki çoğu anda hemen başka bir şeye, başka bir eyleme geçmemek için çaba harcamaktır. Zaman ayırmaya karar vermektir, düşünmek için değil, hissetmek için, yeni yapmış olduğumuz şeyin izlerinin ve şimdiki zamanın mevcudiyetinin bizi ele geçirmesine usulca izin vermek için.

Tam farkındalık sonuç olarak özgürlüğümüzü büyük ölçüde artırmamıza yardımcı olur. Onu ne kadar çok uygularsam, gündelik yaşantımda tepki vermek (dürtülere körü körüne uymak) ve yanıt vermek (tam farkındalıkla) arasındaki farkı o kadar çok hissederim. Gündelik yaşantının benden istediklerine dalgın zihinle tepki vermektense bütün farkındalığımla yanıt vermeyi tercih ederim. İşte bu nedenledir ki meditasyon uygulamaları dünyayla olan ilişkimizi derinden değiştirebilir ve yine bu nedenle kimilerinin adına "vatandaş içselliği" dedikleri şeyle sıkı sıkıya bağlantılıdırlar.

Ders 12

Yapacağımız şeyin içinde mevcut bulunma alışkanlığı kazanmak: Çalışmadan, yemek yemeden, sevdiğimiz birine telefon etmeden önce tam farkındalıkla birkaç nefes alıp vermeye zaman ayırmak. Yerine getirmeye hazırlandığımız işle sakince bağlantı kurmak. Büyük söylemler, karmaşık güdülenmeler olmaksızın: Yalnızca basit bir zihinsel mevcudiyet eylemi. Elbette ki sonra da her gün ve her hafta "ancak ve ancak" alıştırmaları yapmak: Ancak ve ancak yemek (tam farkındalıkla bir öğün), ancak ve ancak yürümek (hiç düşünmeden ya da bir şeylere hazırlanmadan yol almak), ancak ve ancak dişlerini fırçalamak (yaşadığımız ya da yaşayacağımız günü düşünmeden).

Thomas More, Hans Holbein (genç) (*1497-1543*)

1527 civarı, tahta üzerine yağlı boya, 0,749 x 0,603 m, Frick Koleksiyonu, New York

ZİHNİNİ BİLEMEK

Sakin ve dikkatli bir bakış. Ne iyi niyet ne de düşmanlık ifadesi okunan, dingin zekâyı gösteren bir yüz, tek kaygısı en iyi ve en doğru şekilde anlayabilmek. Tam beş asır önce yapılmış olduğu halde bu dipdiri portrede Thomas More inanılmayacak derecede canlı görünüyor. Üzerinden bir sonsuzluk geçmiş olduğu halde. Arkadaşı olan Hans Holbein tarafından yapılmış bu tablo, More'un zihin keskinliğinin, bağlanabilme ve geri çekilebilme yeteneklerinin altını çiziyor. Dünyanın gidişatında rol oynayan bir adam, kayda değer bir güç sahibiydi o: Kostümünün zenginliğine dikkat edin, altın zincir kralına vermiş olduğu hizmetleri kanıtlıyor. Elinde küçük bir kâğıt parçası tutuyor, belki de yoğun zihinsel etkinliklerinin bir göstergesi olarak. O aynı zamanda cesaretli ve dürüst bir hümanist, bir reformcu ve bir hayalperest, ünlü eser *Ütopya*'nın yazarı ve büyük filozof Erasmus'un dostuydu.

Çağında çok yaygın olmadığı halde sevgi dolu ve özenli bir babaydı da. Kızı Margaret'a bir gün şöyle yazmıştı: "Seni temin ederim ki cehalet ve aylaklık içinde büyümenize göz yummaktansa her şeyi feda etmeyi tercih eder, çocuklarımla ilgilenebilmek için bütün işlerime veda edebilirim. Çocuklarımdan hiçbiri de benim için senden daha değerli değildir sevgili kızım." Kızı babasının kesilen başını hayatının sonuna kadar saklayacaktır.

Çünkü More büyük bir devlet adamı olduğu halde, etten başka bir şey yemeyen ve gömlek değiştirir gibi eş değiştiren İngiltere Kralı VIII. Henry'ye karşı gelmiş olduğu için bu zorba canavar tarafından idam ettirilmiştir. Yüzüne dikkatlice bakın: Sol gözünde merhametin yumuşaklığını, sağ gözündeyse dikkatin keskinliğini göreceksiniz. Biz Thomas More gibi, her gün bunların ikisine birden sahip olmaya çalışalım.

"Eğer şairseniz, bu sayfanın üzerinde süzülmekte olan bulutu mutlaka fark etmişsinizdir. Bulut olmadan yağmur da olmaz; yağmur olmadan ağaçlar yetişmez; ağaç olmadansa kâğıt üretilemez. Kâğıt için bulut şarttır; eğer bulut olmasaydı bu kâğıt sayfası da olmayacaktı."

THICH NHAT HANH

Meditasyon zekâsı

Pascal diyordu ki, "İki aşırılık vardır: Aklı dışlamak ve akıldan başka bir şeyi kabul etmemek." Akıl ve meditasyon iyi geçinirler: İkincisi ilkinin alanını daha da genişletmesine olanak sağlar. Tam farkındalıkla meditasyon zihni gevşetmez, edilgen bir seyretme hali değildir. Tam tersine zekâmız için bir besin gibidir.

Zekâsını kullanmak, fikirler ve kavramlar arasında bağlar kurmak, onları birbirlerine bağlayarak sonuçlara ya da kararlara varmaktır. Aynı zamanda bu bağların var olduğunu ya da var olabileceğini görmektir. Bu yüzden de zeki olduğunu göstermek, kendi mevcudiyetini anında gerçekliğe dayatmaya çalışmak yerine ilk önce var olanı incelemekle başlar. Zekâ sahibi olmak, dünyadaki unsurları birbirine bağlayarak bunlardan kural ve yasalar oluşturmadan önce o dünyayla bağ kurarak işe başlamaktır.

Dünya ile aramızdaki bu bağ, tam farkındalığın özünü oluşturur ve bu farkındalığın uygulanması aynı anda hem zihnimizi çalışma halindeyken gözlemleyebileceğimiz bir laboratuvar ("benlik bilimi" de diyebiliriz buna), hem de belli yeteneklerileri elde edebilmek için alıştırma yapabileceğimiz bir spor salonu olabilir: Düşünme, konsantrasyon, zihin dağınıklığına karşı direnç, yaratıcılık, zihinsel esneklik gibi yetenekleri...

Örneğin tam farkındalık, psikolojide adına uyum sağlama dediğimiz şeyi kolaylaştırır. İsviçreli psikolog Jean Piaget tarafından tanımlanmış olan uyumlama ve özümleme kavramları, zihnimizin dünya ile kendi dünya görüşümüz arasında ortaya çıkabilecek çelişkileri uzlaş-

Zeki olduğunu göstermek, kendi mevcudiyetini anında gerçekliğe dayatmaya çalışmak yerine ilk önce var olanı incelemekle başlar.

tırma biçimini kapsar. Yani gerçekliğin unsurlarından biri benim inançlarımdan biriyle çelişirse ya uyumlar (gerçeklikle bütünleşmek için inancımı değiştirmek) ya da onu özümlerim (inançlarımla uyumlu hale getirmek için gerçeği çarpıtmak).

Bir örnek: Tanıdığım bir insanın bencil olduğunu düşünüyorum (inanç) ve günün birinde onun bana karşı fedakâr bir davranış içinde bulunduğunu görüyorum (gerçeklik). Özümleme yapabilirim: Kendi yargımı hiç değiştirmeden bu kişinin davranışını açıklayabilmek için bunu belli bir hesaplılıkla yapmış olduğunu düşünürüm. Ya da uyumlayabilirim: Bu kişinin cömertçe de davranabileceğini kabul ederek onun hakkındaki yargımı esnetebilir, hatta belki kökünden değiştirebilir ya da bu yargıyı geçici olarak askıya alabilirim ("Gerçekten ne düşüneceğime karar verebilmek için bekleyip devamını görmeliyim.")

Özümleme yapmak uyumlamaktan daha kolay ve rahattır çünkü ne psikolojik bir çaba ne de kişisel bir yeniden gözden geçirme gerektirir. Zihnimizdeki otomatik süreçleri biraz daha yağlamaktan başka bir şey yapmaz. Ancak bir yandan da inançlarımızdan özgür kalabilme, fikir ve yargılarımızı geliştirebilme yeteneklerimizi engelleyecektir. Uyumlama becerilerinin artırılması tam farkındalığın bize sağlayacağı yararlardan biridir. Bu, örnek vermek gerekirse kabullenme ve yargılamama yönündeki zihinsel davranışların bir sonucudur. Özellikle de bunların alıştırmalar aracılığıyla düzenli olarak uygulanmasının: Çünkü bir ilkenin ortaya konmasıyla onun günden güne yaşama geçirilmesi arasındaki farkı yaratan şey uygulamadır.

Freud şöyle yazmıştı: "Rakiplerden birinin diğerini yenmesine yardımcı olmak çatışmayı çözmek anlamına gelmez." Tam farkındalık bize düşünme biçimlerimizden ya da dünya görüşlerimizden hiçbirinin zaferini istemeden, onları bütün zenginlikleri ve karmaşıklıklarıyla birlikte kendi içimizde aynı anda barındırabilmeyi öğretir.

Dünyayı daha iyi okuyabilmek için dinginleşmek

Tam farkındalığın başka bir kazancı olan dinginleşme de zekâ için çok yararlıdır. Sinirli ya da heyecanlı kişilerin zekâlarında hayret uyandırıcı kararmalar görülür. Bu duyguları onlara güç ve enerji verir kuşkusuz ancak zihin açıklıklarını da azaltır ve sağgörülerine sık sık ve inanılmayacak ölçülerde gölge düşürür. Zihnimizdeki kargaşa ve düzensizlik özgür irademizi azaltır, onu duyguların, başka bir deyişle koşulların kölesi haline getirir.

Bu noktada, Budist meditasyonu içinde tam farkındalığa giden iki ayrı yol bulunduğuna dikkat çekmek yararlı olacaktır. Dinginleşmenin yoluna *shamatha*, "nüfuz edici görüş" yoluna ise *vipassana* adı verilir. İkinci yolun tam olarak uygulanabilmesi için birincisi gereklidir. Huzursuz ve dağınık bir zihin dünyaya berrak bir bakışla

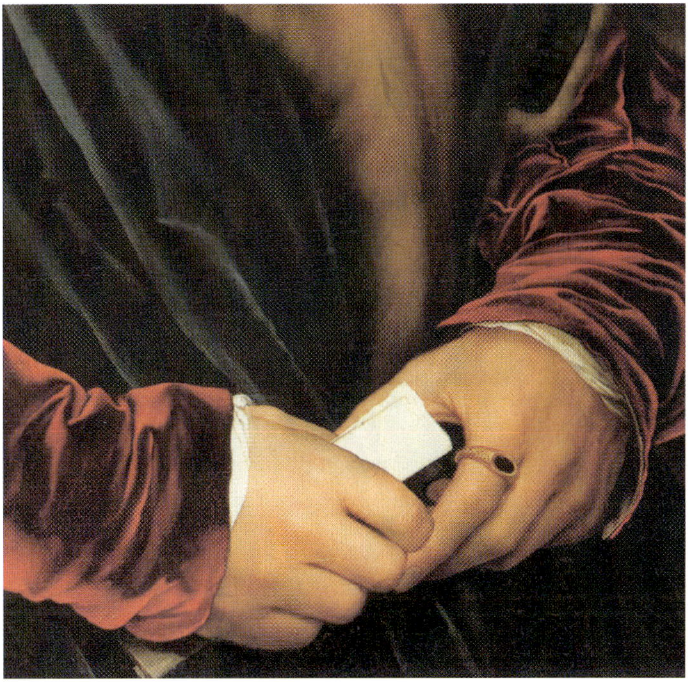

yaklaşamaz. Dünyanın bir temsili içinde kalır ama dünyanın içinde bulunamaz. Dolayısıyla da bu zihnin zekâsı kelimenin tam anlamıyla sınırlı kalacaktır: Kısıtlı, dar. Ne yararı var?

Tam farkındalık, "gerçeğin parıltısı" içinde kalmamamıza yardımcı olmalıdır. Nüfuz edici görüş, görünüşe aldanmayarak nesnelerin derindeki doğalarını görebilmemizi sağlar. Filozof Simone Weil şöyle yazmış: "Zekânın bulmakla ilgisi yoktur, tek yapacağı etrafı temizlemektir." Çoğu zaman dünyanın doğru ve kesin bir görüşüne ulaşabilmemiz için zihnimizin içinde engel oluşturan şeyleri temizlememiz gerekir, biz etrafı temizleyince bu görüş kendiliğinden, apaçık beliriverecektir. Budist düşünürlerine göre nüfuz edici görüş arayışı kuramsal ya da felsefi bir sorun değildir: Gerçeği görüş ve anlayış biçimimiz, ağırlığını bütün varlığımızın üzerinde hissettirir ve yetersiz olduğu durumlarda gerek bizimkilerin, gerekse dünyanın dertlerinin önemli bir bölümünün sorumlusu olabilir. Böyle bir sağgörü arayışından pek çok temel kavram da doğmuştur. Bunların en önemli olanlarının içinde karşılıklı bağımlılık, boşluk ve geçicilik sayılabilir.

Karşılıklı bağımlılık, boşluk ve geçicilik

Her şeyin karşılıklı olarak birbirine bağlı olması bize bu dünyadaki hiçbir şeyin sabit ve tek başına bir bütünlük içinde mutlak bir varoluşu olmadığını hatırlatır. Çevremden bağımsız ve özerk bir özne olarak var olamam: Yaşamımı ve hayatta kalışımı sonsuz sayıda başka insana ve daha da çok sayıda doğa olayına borçluyumdur. Adına benim dediğim ve sanki kendi irademden çıkıyormuş gibi görünen her türlü eylem ve yargı ("benim" eylemlerim, "benim" yargılarım) pek çok başka etken tarafından belirlenmektedir. Ancak bu bağımlılık bağları aynı zamanda karşılıklı bir bağımlılığın da bağlarıdır: "Ben", sırası geldiğinde çevremdeki her şeyi etkileyecek olan atılım ve girişimlerin hem sonucu hem de hareket noktasıyımdır. Bu karşılıklı bağımlılığın bağlarını anlayamadığım ve dahası onları içtenlikle kabullenip kendimle bütünleştirmediğim sürece, onları neşe içinde benimsemedikçe gözlerim açılmayacak ve sürekli olarak egomun, kibrimin ve acı çekmenin tuzaklarına düşeceğim demektir. Tam tersine onları kabullenirsem bu beni kadercilige değil, girişim ve inaçlarımda alçak gönüllü olmaya itecektir.

Boşluk, bu büyük Budist kavramlarının ikincisi ve belki de yanlış anlaşılmaya en çok maruz kalanıdır. "Her şey boştur" sözü, hiçbir şeyin gerçekten var olmadığı anlamına değil, gördüğümüz şeylerin somut ve katı birer varoluşlarının olmadığı anlamına gelir. Bir anlamda bir gökkuşağı gibi: Varoluşu benim bulunduğum konuma, güneşin konumuna, gelip geçen bulutların insafına bağlıdır. Gökkuşağı benim için vardır ama benden başka yerde duran biri için var olmayabilir. Benim hakkımda korkunç bir şey söylemiş bir kimseye karşı hissettiğim büyük öfke de biraz bunun gibidir: Bu duygu gerçektir, onun bedenimi ve zihnimi nasıl kapladığını hissedebilirim. Ancak kulağıma gelmiş olan bu sözlerin aslında hiç söylenmemiş olduğunu, o kişinin benim hakkımda yalnızca güzel şeyler söylemiş olduğunu öğrenirsem, bu öfke ve onun biraz önceki korkunç somutluğuna ne olur? Bir anda ortadan yok oluverir. Bir şeyin ya da bir olgunun boşluğu onun var olmadığı ya da yok olduğu anlamına değil, doğasının değişken, kararsız, öznel ve karmaşık olduğu anlamına gelir... Boşluk, her şeyin karmaşık olduğunun farkındalığıdır. Sonucu ise "gerçeğin parıltısı"na kendimizi kaptırarak ona sıkı sıkıya

Çevremden bağımsız ve özerk bir özne olarak var olamam: Yaşamımı ve hayatta kalışımı sonsuz sayıda başka insana ve daha da çok sayıda doğa olayına borçluyumdur.

tutunmadan önce temkinli olmaktır. Başlangıçta özgüveni kıran ve neredeyse iç karartıcı olan boşluk kavramı (ve özellikle de meditasyon yoluyla yaşayabileceğimiz deneyimi) da yavaş yavaş tıpkı karşılıklı bağımlılık gibi aydınlatıcı ve hatta kendi başına keyif verici hale gelir.

Sonra bir de geçicilik vardır ancak bundan daha sonra söz edeceğiz. O da bize hiçbir şeyin kalıcı olamayacağını, ortaya çıkan her şeyin oluşum ve bozulumlardan, kurulma ve dağılmalardan ibaret olduğunu, her şeyin geçici ve süreli olduğunu öğretir. Bu da dert edilecek bir konu değildir, tersine aydınlatıcı ve özgür kılıcı bir gerçektir.

Paul Valéry'nin belirttiği gibi: "Kuşun daldan dala uçması gibi, zihin de bir aptallıktan diğerine koşar. Bundan başka bir şey yapamaz. Asıl olan bu aptallıklardan hiçbirinde kendini sabit hissetmemektir..." Tıpkı dallardaki kuşlar gibi zihinlerimizin de geçici kesinliklere gereksinimi vardır. Ancak bunları karşılıklı bağımlılık, boşluk ve geçiciliğin eleğinden geçirirsek hem daha az acı çekeriz, hem de daha az acı çektiririz... Çünkü dördüncü bir asıl Budist kavramı daha vardır ki o olmaksızın ilk üçü hiçbir işe yaramaz: Merhamet ve özgeci sevgi, ancak bunlardan sonra söz edeceğiz.

Gerçek olanla karşılaşmak

Budist üstadı Thich Nhat Hanh şöyle öğretiyor: "Meditasyon bir kaçış değil, gerçeklikle huzurlu bir karşılaşmadır." Gerçeklikle bu huzurlu karşılaşma kendi kendine ortaya çıkmaz. Kendimizi nefes yoluyla dinginleştirdiğimiz, o deneyim ne kadar acı verici, karmaşık, bulanık olursa olsun, usulca ama inatla şimdiki zamanın deneyimini, sabırla incelediğimiz her bir alıştırma aracılığıyla hazırlanır. Nefes alıp vermeye ve kendi içimize bakmaya devam ederiz. Açıkça anlayamayacağımızı ya da kontrol altına alamayacağımızı kabullenir ama hissetmeye ve gözlemlemeye de devam ederiz. Bu şekilde dışarıya, kendi de bir o kadar acı verici, karmaşık, bulanık olan dünyaya daha iyi bakmayı da öğreniriz. Daha iyi düşünmeyi öğreniriz; biraz daha berrak, biraz daha adaletli...

Ders 13

Zekâmızın zincirlerini özgür bırakmak: O da bizim tembelliğimizin, zihnimizdeki otomatik süreçlerin, "hazır düşünce"lerin görünmeyen gücünün kurbanı olarak katılaşmaya, kendini yinelemeye, olduğu yerde dönüp durmaya başlayabilir. Bu kendiliğinden olmaz, çalışmayla hazırlanır. Zihni nasıl bileyebiliriz: Elbette ki onu dingin ve dünyaya açık tutarak ama aynı zamanda da işleyişini bıkıp usanmadan yeniden sorgulamalara tabi tutarak. Ne zaman kendimize "bu yalnızca benim düşündüğüm şey"; "bu konuda haklı olduğumu düşünüyorum"; "yalnızca benim fikrim böyle" diyebilmeyi başarırsak, ama görünüşü kurtarmak için değil gerçek bir alçak gönüllülük ve temkinle bunu söyleyebilirsek, o zaman körlükten çıkıp zekâya kavuşmuşuz demektir.

VAR OLANI ANLAMAK VE KABULLENMEK

Biz onun için yokuz. Bize bakmıyor ancak elinin hareketi bizi durduruyor, büyülüyor: Orada kalıyoruz, kımıldamadan, onu rahatsız etmeden.

Batı'nın resim dünyasında binlerce Beşaret tablosu vardır. Ancak bu diğerlerine benzemez: Bunda Meryem'e hamileliğini bildirmeye gelen melek Cebrail'i görmüyoruz. Tek gördüğümüz Meryem'in iç deneyimi. Kendini psikolojik durumuna kaptırmış, insani bir Meryem, başlı başına gizemli bir vahiy anında olan ilahî bir Meryem değil.

Tablo belli bir anı gösteriyor: Meryem'in anladığı ve kabullendiği anı. Her şeyi. Bir anda. Başörtüsünü düzeltmek için az önce bıraktığı kitap sayfası gibi havada asılı bir an. Önün-

Beşaret Bakiresi, Antonello da Messina

(1430 civarı- 1479 civarı)

1474-1475, tahta üzerine yağlı boya, 0,45 x 0,35 m, Sicilya Sanat Galerisi, Palermo

de az önce açılmış olan yazgıdan kendini korumak istercesine. Yüzü de kitap gibi, ne açık ne kapalı. Bakışını kendi içine doğru çevirmiş. Düşünüyor, hissediyor, nefes alıp veriyor.
Biraz önceye geri dönecek olursak, bir de hafifçe kaldırmış olduğu sağ elinin bu tuhaf hareketi var, sanki şöyle der gibi: "Tamam, evet, evet, anladım, Tanrı'nın bana gönderdiği her şeyi alıyor ve kabul ediyorum." Açık kalmış, karşılayıcı bu el dinginlik ya da belki dinginlik arayışını belirtiyor ve bir işe girişmeden önce onu kabul ettiğimiz o havada asılı duran anı düşündürüyor. Hayır diyebilir miydi? Tanrı Baba'nın göndermiş olduğu bir haberci meleğe kim hayır diyebilirdi ki? Ancak daha az zarafet ve zekâyla da boyun eğebilirdi. Meryem şaşkınlığını, korkusunu, inanmazlığını aşıyor ve tanrısal iradeyi kabulleniyor. Tabloda resmedilen de işte tam o an ve her şeyi söylüyor. Melek yok, trompetler yok, gürültü patırtı yok. Yalnızca altüst edici bir içsel serüven var.

"Kabullenin!
Çünkü yapacak başka bir şey yok…"

SWAMI PRAJNANAPADA, *L'Expérience de l'unité* (Birliğin Deneyimi)

Kabullenmek

Kabullenme tam farkındalığın özünde vardır. Kabullenmek, "her şey yolunda" demek değil (bu, olumlama olur), "her şey burada, her şey zaten var" demektir.

Bir düşünceyi, bir durumu, bir kişiyi ya da bir deneyimi kabullenmek için onu sevmemiz gerekmez, yalnızca o düşüncenin, durumun, kişinin ya da deneyimin varlığını itiraf etmek yeterlidir. Bunlar hayatımda vardırlar, benim de yoluma onlarla birlikte devam etmem gerekecektir.

Kabullenme, kontrolü bırakmanın bir üst aşamasıdır. Çünkü o bir davranış olmanın ötesinde varoluşsal bir karar, bir yaşam felsefesi, dünyanın ve günlerimizin gidişatının karşısında takınılmış kalıcı ve üzerinde düşünülmüş bir tavırdır. Kontrolü bırakmanın içinde vazgeçiş kavramı da yer alır: Çırpınmayı bırakırız. Kabullenmenin içinde de bir eylemin içinde kalma niyeti bulunur ama farklı bir biçimde: Zihin açıklığı ve sakinlikle. Karşımıza çıkan her şey karşısında işe şöyle diyerek başlamalıyız: "Evet. Bu şey burada, karşımda duruyor. O halde, öyle olsun." Bu, gerçeğe karşımıza çıktığı şekilde, tamamen ve içtenlikle kucak açmaktır.

Ancak evetle başlayan bu kucak açış, bir teslimiyet ya da düşünce ve hareketten vazgeçiş anlamına gelmez. Bu, ruhun nefes alıp verişi gibi, zihnimizin düzenli hareketinin iki aşamasından biridir: (Var olanı) kabullenmek ve ardından (var olanla ilgili) eyleme geçmek, (karşımıza çıkanı) kabullenmek ve ardından (karşımıza çıkanla ilgili) eyleme geçmek. Bu böylece, peş peşe, sonuna kadar yinelenip gider... Zaten bir süre sonra da, psikolojik bir tavra kusursuzca egemen olmayı başardığımız her durumda olduğu gibi, bu bizim ikinci tabiatımız halini alır:

"Bir şeyleri kabullenmenize gerek yok ki onlar zaten vardır." O zaman artık kabullenmek için çaba harcamaya gerek kalmayacaktır. Kabullenme, sessiz ve gizli bir iç yetenek halini almıştır. Biz de böylece kendimizi daha güçlü hissederiz.

Yolunu değiştirerek kabullenme

Kabullenme bize gitmeyi istediğimiz yere en kolay varmanın yolunu öğretir. Bu yol her zaman düz bir çizgi olmak zorunda değildir. Dağlarda yapılan bir yürüyüş sırasında olduğu gibi: Doğrudan zirveye çıkmayı istemek iyi bir fikir olmayacaktır. Dağın yamaçlarını birbirine bağlayarak kıvrılan patikaları izlememiz daha yerinde olur. Tepeye varmaktan vazgeçmeksizin. Yokuşu ve yolumuzu değiştirmeyi kabulleniriz ama zirveye doğru yürürüz. Aynı şekilde pek çok psikolojik çaba da ancak kabullenme yoluyla doğru olarak uygulanabilir.

Örneğin başarısızlık düşünceleriyle karşı karşıya gelmek ("Yapamayacağım."). Bunlarla iradecilik ("Hayır, başarmak zorundayım!") ya da ussallaştırma ("Başarmamam için hiçbir neden yok!") yollarıyla savaşmaya kalkışmak her zaman sonuç vermeyebilir. Aksi takdirde içimizdeki bu başarısızlık düşüncelerini hoş görmeyi hiçbir zaman öğrenemeyiz (oysa onlara boyun eğmemeyi öğrenmek, onları ortadan kaldırmaya çalışmaktan daha doğrudur). Bu durumda onlar da bizim dengemizi bozacak güçlerini korumuş olurlar. Dahası, başarısızlığın her zaman bir olasılık olduğu fikrini de hiçbir zaman kabullenememiş oluruz. Yolumuzu değiştirerek kabullenme ise tam aksine çoğu durumda aydınlatıcı ve çelişkili derecede dinginleştirici bir etkiye yol açar: "Bunun işe yarayacağından emin değilim, bunu biliyor ve kabulleniyorum. Ancak yine de işe yaramasını istiyorum. Bunun için de elimden geleni yapacağım, sonrasını göreceğiz..."

Tam farkındalık bize kabullenerek yolumuzu değiştirmeyi öğretir: Başarısızlık fikrini kabullenmek, onun üzerimdeki etkisini gözlemlemek, ona karşı savaşarak ya da onu bastırarak onu beslemekten, ona enerji vermektense bir yandan nefes alıp vermeye ve dikkatimi mümkün olan en geniş ve en açık halde tutmaya devam ederek tam farkındalık içinde kalırken, onun da içime çöreklenmesine izin vermek. Sonra yeniden eyleme geçmek ki çoğu zaman bu başarısızlık fikrinin ne derecede ısrarcı olduğunu denetlemenin tek yolu da budur.

Bir bilgelik olarak kabullenme

"Bilgeliği aramak için uygun bir yer, sonuç olarak onu bulmayı en az bekleyeceğiniz yerdir: Size karşı çıkanların zihni." Doğru ve haklı, öyle değil mi? Ancak bunun için ilk önce size karşı çıkan bu kişileri dinlemiş olmanız ve onlara var olma hakkını vermiş bulunmanız gerekir (çünkü hepimiz yalnızca "onaylayanlarımız" olsun isteriz). O zaman bu kişilerin fikri bir zenginlik halini alır ve bize biraz daha zeki olmamız için fırsat tanır.

Kabullenme bize kendi yaşamımızı bir facia haline getirmeksizin, gerçek olanın üzücü boyutunu da kendimizle bütünleştirme olanağı sağlar: Varoluşun acı verici ya da adaletsiz yönlerini yadsımayız ve onlara da bir yer ayırırız. Bu, bütün yeri onlara bırakacağımız anlamına gelmez tabii: Kuşkusuz iyi ve güzel olan için de biraz yer tutarız.

"Kabullenme" sözcüğü pek çoklarını rahatsız ettiği, onlara "teslimiyet"i çağrıştırdığı için yerine konacak

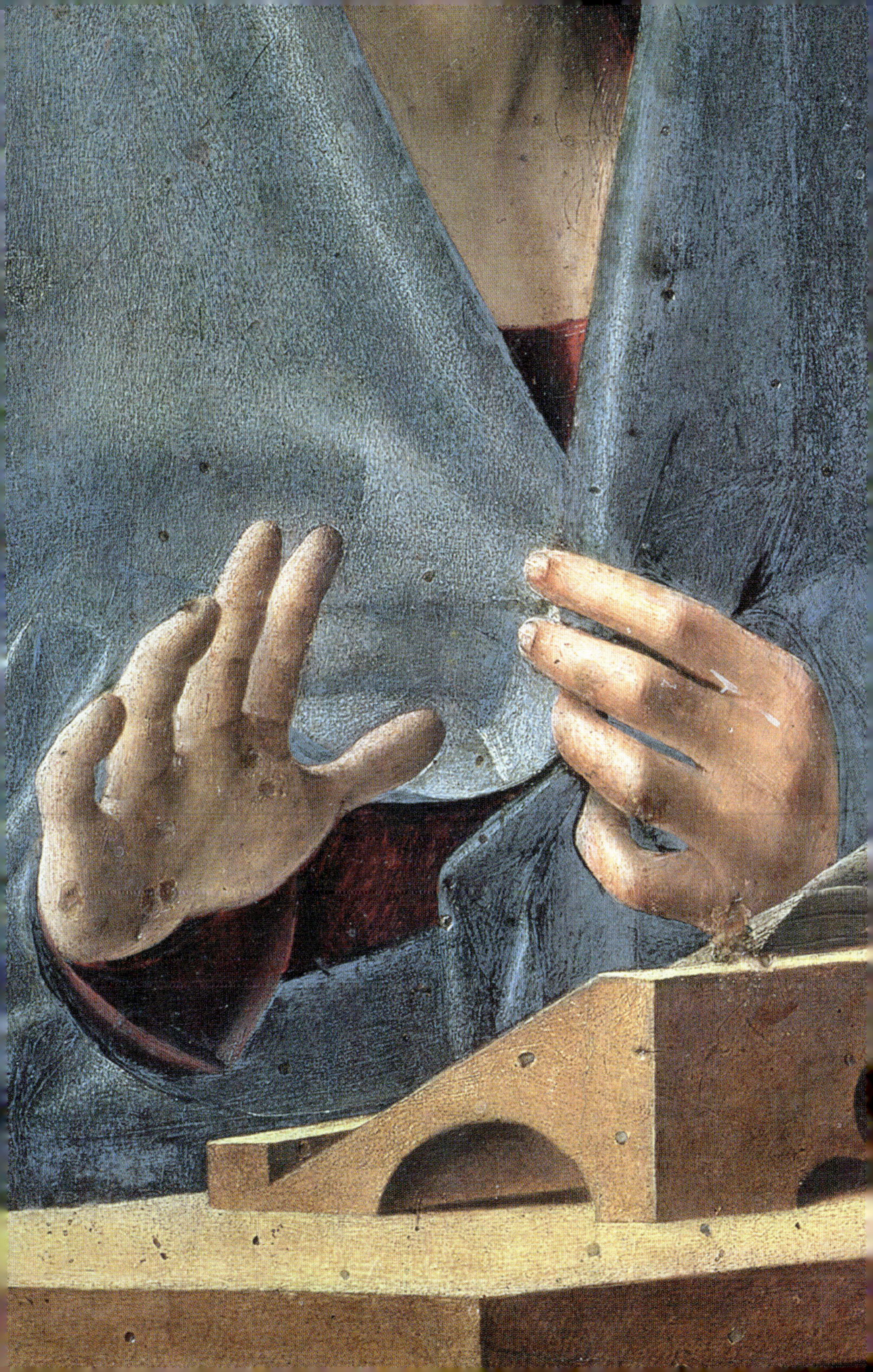

Kabullenmek, zenginleşmek ve dünyayı kendimize benzetmeyi istemeyi bırakıp onda yalnızca işimize gelen ya da bize yakın olan şeyleri almak yerine onun olduğu gibi içimize girmesine izin vermek demektir.

başka terimler aranmıştır. Örneğin, filozof Alexandre Jollien, Fransızca *assomption* terimini önermiştir. Hıristiyanlıktaki kullanımının ötesinde (Meryem Ana'nın göğe kabul edilmesi mucizesini adlandırmada kullanılan bir deyimdir bu), bu sözcük etimolojik olarak "üstüne alma" eyleminden gelmekte, farz etme ve sonuçta kabullenmeyi çağrıştırmaktadır. Başkalarıysa "genişleme" demeyi tercih ederler: Ne de olsa burada söz konusu olan bizi rahatsız eden, hoşumuza gitmeyen şeylere bile bıkıp usanmadan kendi içimizde yer açmaktır. Asla onlara teslim olmak değil ama reddetme yoluyla onlara olumsuz anlamda tutunup kalmak da değil. Reddetmek ve duygusal bağ kurmamak tıpkı korku gibi bağımlılığı ve kırılganlığı artırır. O halde yapılacak şey, içimizde bu kötü duygular için bıkıp usanmadan yer açmak ve bütün eziyet ve duygusuzluklarımızı sonsuz bir kabın içinde seyreltmektir. Başımıza gelenlere karşı içimizde ne kadar çok katılık ve reddediş hissedersek geniş ve hedefsiz bir farkındalığa, yani her şeyi kabullenmeye yönelmemizde o kadar fayda var demektir.

Kabullenme sonuç olarak kendi içinde çelişkili bir tercihi varsayar: Tercih yapmama tercihi! Hiçbir şeyi reddetmemek, hiçbir şeyi yok saymamak. "İstenmeyen", "iyi olmayan", "güzel olmayan", "hoş olmayan" şeyleri bile... Tam tersine, her şeyi bir arada almaya, var olanla geçip giden şeyleri bir arada içimizde bulundurmaya karar vermektir. Kabullenme yoluyla içimizde sonsuz bir alan açmış oluruz, çünkü her şeyi süzgeçten geçirmekten, kontrol etmekten, onaylamaktan, ölçmekten ve yargılamaktan vazgeçmişizdir. Bu anlamda kabullenmek, zenginleşmek ve dünyayı kendimize benzetmeyi istemeyi bırakıp onda yalnızca işimize gelen ya da bize yakın olan şeyleri almak yerine onun olduğu gibi içimize girmesine izin vermek demektir. Thérèse de Lisieux de bunu kendine özgü tuhaf biçimiyle şöyle söylemişti: "Her şeyi seçiyorum."

Ders 14

Var olanı kabullenmek bizi daha sakin ve daha zeki kılar. Dolayısıyla da onu olması gerekene dönüştürmek için daha yeterli hale getirir. Kabullenmenin ardındaki amaç işte budur. Daha sonraysa, bütün bunların içi boş laflardan ibaret kalmaması için yapılacak çalışmalar gelir elbette. Gündelik yaşantımızdaki her türlü küçük rahatsızlık, kabullenme üzerinde çalışmak için bize muthiş birer fırsat sağlar. Rahatsız mı oldun, canın mı sıkıldı, umudunu mu yitirdin? İlk önce bir nefes al ve var olan her şeyin farkına var: Bu durumun ve onun senin üzerinde yarattığı etkinin. Sonra da bu durumun zaten orada var olduğunu sapta. Silmek mümkün değil mi? O halde kabullen. Sonunda da düşünecek ve yapacak şeylerin olduğunu gör. Anlaması zor bir şey değil bu ama yine de iki bin yıldan fazla zamandır bu bize tekrar edilip duruyor. Kuşkusuz bunu anlamak yeterli olmuyor, her gün bunun alıştırmasını da yapmak gerekiyor. Büyük söylemler ya da müthiş özdeyişler kadar saygın ve lezzetli değil belki ama çok daha etkili.

3.

FIRTINALARI AŞMAK:

ŞİMDİKİ ZAMANIN SIĞINAĞI

"Şimdiki zamanı görebilen kişi ezelden beri olup bitmiş her şeyi ve zamanın sonsuzluğu içinde olup bitecek her şeyi görür."

MARCUS AURELIUS, *Kendime Düşünceler* (6, 37)

ZİHNİNDEKİ HAPİSHANELERDEN KURTULMAK

Zavallı adam! Ne kadar da üzgün ve dertli görünüyor. Bitkin, yıpranmış. Anlamaktan ya da harekete geçmekten vazgeçmişe benziyor. Bir de üstelik kafası pencereye sıkışmış gibi tuhaf bir izlenim veriyor... Sanki dünyada neler olup bittiğini birazcık görebilmek, kafasını biraz dağıtabilmek, aklındaki üzücü kuruntulardan biraz olsun çıkabilmek için dışarıya bakmayı istemiş. Ama işte şimdi orada sıkışıp kalmış, edilgen, acı içinde. Bakışı hiçbir şey görmüyor, hiçbir yere bakmıyor. Bakışını dışarıya değil, içeriye çevirmiş. Kafası gibi bakışı da içindeki acı ve kederlerin arasına sıkışıp gömülmüş kalmış.

Kimi zaman böyle kendi düşüncelerimizin tuzağına düşeriz işte. O da pencerenin taştan çerçevesinin katılığına, tahtanın,

Penceresindeki Adam, Samuel Van Hoogstraten (*1627-1678*)
1653, tuval üzerine yağlı boya, 1,11 x 0,865 m, Viyana Sanat Tarihi Müzesi

camın ve madenin sertliğine hapsolmuş. Tıpkı kuruntularımızın katılaştırdığı dertlerimizin bizi hapsettiği gibi. Sanki bu göz yanılması bize diyor ki: "Gör! Düşünce ve kuruntularının farkındalığını nasıl aldatabildiğini gör. Eğer kendini onlara bırakır, onların içine kapanır, onları beslersen onlar da gerçekmiş gibi sağlamlaşırlar. Eğer onlara karşı kendini korumazsan seni hapsederler."

Kendi kendini üreten bu eziyetlerden nasıl kurtulmalı? Kimi zaman kendi kendimizi içine hapsettiğimiz zihnimizin bu tuzaklarından nasıl çıkmalı? Acaba çözüm, pencerenin kenarında duran o küçük şişeciğin içinde mi bulunuyor? Orada sihirli bir iksir mi var? Peki öyleyse, ona nasıl ulaşabiliriz?

"Küçük belaların çokluğu, ne kadar büyük olursa olsun tek bir tanesinin şiddetinden daha ağır gelir."

MONTAIGNE, *Denemeler*

Acı çekmek farkındalığı tekeline alır

İlk önce fiziksel ya da manevi bir acı vardır. Daha sonra bu acı etkisini farkındalık üzerinde gösterince acı çekilmeye başlanır. Acı çekmek acının kendisinin hissedilen kısmıdır. Kendi başına acı ister bedene ister zihne ait olsun, eğer çok yoğunsa tıbbi bir tedavi gerektirir, beden acıyı yatıştırmak ister. Psikolojik çaba bundan sonra gelecektir. Ancak mutlaka gelmeli, mutlaka yerine getirilmelidir, aksi takdirde acı çekmek bir daha hiç gitmemek üzere geri gelecektir.

Çünkü acı çekmek, farkındalığımızın içinde bir ağırlık merkezi oluşturma eğilimindedir, tıpkı her şeyin çevresinde dönüp durduğu kara bir güneş gibi. Farkındalığımızın alanı âdeta onun çevresinde küçülür gibi olur, giderek acıdan başka hiçbir şeye de yer kalmaz. Acı her yeri kaplar ve başka hiçbir his ya da düşüncenin oraya kalıcı olarak yerleşebilmesine izin vermez. Zihnimizin bütün enerjisini bu acı içine çekerek tüketir, geriye hiçbir şey bırakmaz.

Bedenin acıları

Fiziksel acılarımızın çoğuna yalnızca zihnimizin gücüyle karşı koymamız doğru değildir. Bu konuda en küçük bir kibir bile taşımamalıyız: Ağrı kesiciler çoğu zaman saygınlığımızın kurtarıcıları olurlar. Aksi takdirde acı çeken hayvanlara dönebiliriz. Peki ya sonra? Acıya karşı duyduğumuz korkumuzu azaltmakta, kendimizi acı çekmeye hapsetmemekte bize ne yardımcı olabilir? Tam farkındalığın bize yardımı dokunabilir mi? Belki... Belki onun sayesinde kendimizi biraz daha iyi hazırlayabiliriz.

Acının gelmesini beklemeden, önceden ve daha ılımlı acılar üzerinde çalışarak.

Zen meditasyonunda deneyim kazanmış (tam farkındalığa yaklaşmış) kişilerde acıya karşı dayanıklılığın artmakta olduğu uzun süredir görülmektedir. Yakın geçmişte bu yeteneğin, bu kişilerin beyinlerinde görülen değişimlerle orantılı olduğu ve sinirlerdeki bu esnekliğin saatlerce süren alıştırmalarla edinildiği keşfedilmiştir. Bunun olası açıklamalarından biri, meditasyonun kişilere dayattığı uzun hareketsizlik konumları ve buna bağlı olarak ortaya çıkan kasılma benzeri rahatsızlık hissi yoluyla çok küçük acı verici hislerin sindirilmesi için düzenli ve sakin mücadeleler verme fırsatı oluşturmasıdır.

Bunun meditasyon sırasında benim başıma ilk geldiği zamanı hâlâ hatırlarım. Biraz karmaşık bir dönemden geçmekte olduğum bir sabahtı, çok büyük bir derdim yoktu, yalnızca yorgunluğa ve strese bağlı sıradan, küçük bir rahatsızlık zamanıydı. Bir bankın üzerine oturmuşken, on saniye sonra sol ayağıma bir kramp girdi. Çok acı vericiydi. İlk tepkim rahatlamak için kımıldanmak, gözlerimi açmak ve konumumu değiştirmeyi istemek oldu, hatta meditasyonu durdurmak, ne de olsa daha yapacak bir sürü işim vardı, burada oturup da acı çekeceğim bir gün değildi bu... Neyse ki beni hastalarım kurtardı. Bir önceki gün hastanede, tam farkındalık grubu çalışması sırasında bundan söz etmiştik. Bunun üzerine ben de "kımılda ve hatta meditasyonu bırak ve işinin başına dön," düşüncesini incelemeye çabaladım, bunun yalnızca bir düşünce mi yoksa bir gereklilik mi olduğunu anlamaya çalıştım. Onu zihnimin yarattığı bir olgu olarak kabul etmeye ve ondan biraz mesafe almaya uğraştım. Oltaya gelmeyerek, kımıldamamayı, otomatik düşünceme boyun eğmemeyi tercih ettim ("Acı verici bir şey mi hissediyorsun? Çekil kenara!"). Böylece, içimdeki istek ne kadar güçlü olsa da kımıldamadan önce krampın acısını incelemeye karar verdim. Tam olarak nerede bulunuyor? Sabit mi değişken mi? Beni ne yapmaya zorluyor? Elbette ki bir dakika sonra geçti. Hiçbir şey kalmadı.

Bunun mümkün olduğunu ne kadar biliyor olsam da işe yaramış olmasına, şimdi ve burada, kendi vücudumda sonucunu almış olmama biraz şaşırmış, hatta neredeyse buna hayranlık duymuştum. Bir kere daha bilmek ve deneyimlemek arasındaki o inanılmaz yapı farkı. Bu ikisi birbirlerine göründüklerinden çok daha uzak olan iki evrendir... Tamam, elbette ki bu her zaman işe yaramaz. Kimi zaman gerçekten de konumunuzu değiştirmeniz gerekebilir. Ya da eğer acı çok fazla güçlüyse, egzersizimizi böleriz. Meditasyon yapmak mazoşizm değildir. Ancak bir acıdan geçerken, yalnızca acının orada olduğunu kabul ederek, heyecanla değil sadece farkındalıkla tepki vermek her zaman için fazlasıyla rahatlatıcıdır! Bu, kuram, niyet, söylem ve gerçekliğin bir araya geldiği bir noktadır. İnsan profesyonel bile olsa bunu her seferinde yeniden keşfetmekten hiç bıkıp usanmıyor! Kendinizi güvende, tutarlılık içinde, sağlam hissediyorsunuz: İşe yarıyor, biliyorum, denedim...

Meditasyon, çekilen acıyla başa çıkmaya yardımcı olabiliyorsa bunun bir nedeni de zihnin dinginleşmesinin ağrı kesici özellik taşımasındandır: Beynimiz sürekli olarak acı içeren küçük iletileri süzgeçten geçirmekte,

onların farkındalığımızı gereksiz yere rahatsız etmesine engel olmaktadır. Bunun adına "nörolojik geri besleme" diyoruz. Stresli ya da depresyonda olduğumuz zamanlarda beyin bu işlevini daha az yerine getirebilir ve her yerimizde daha fazla ağrı duyarız. Dingin olduğumuz zamanlarda aynı acıları daha az hissederiz. Ancak burada da söz konusu bu dinginlik günün birinde ona gerek duyduğumuzda kendiliğinden belirmez, acılarımızın ortaya çıkışından çok daha önceden üzerinde çalışılmalıdır. Ne de olsa paraşütü dikmeye uçağın motorları arızalandığı zaman başlamayız.

Peki ya bu, zihnimizin acılarında da işimize yarar mı?

Zihnin acıları

Acı verici düşüncelerimize tutunup kalarak, onları kafamızın içinde döndürüp durarak onları daha da güçlendiririz. Onlara alan ve önem kazandırırız. Dertlerimizi kafamızda kurdukça onları birer canavara dönüştürürüz.

Kuruntu, zihnin gevezeliğinin somutlaşmış halidir. Sıradan bir tepkiyi kendimiz için bir ıstıraba dönüştürürüz. İstemeden. Bunlar, depresyon ya da anksiyete anlarımızda bize acı çektiren, başımıza gelen şeylerin ötesinde, sıkıca bağlanarak birer kesinlik halini alacak kadar katılaştırdığımız düşünce ve inançlarımızdır. Daha sonra da kendi doğurduğumuz bu küçük canavarlara sanki anneleriymişiz gibi bağlanırız.

Olumsuz bir düşünce eğer gelip geçerse bize zarar veremez. Ancak farkındalığımızı ele geçirdiği, oraya kök salıp da başka hiçbir düşüncenin var olmasına izin vermediği zaman acı verici hale gelir. Sonra da, eğer uzun vadede kuruntuların zihnimizde dönüp durmasına çok fazla zaman göz yumarsak, onlar da bunalım için yollar, yarıklar açarlar ve çok geçmeden bunalımın selleri bu yatakları doldurup taşar. Kontrol edilmesi güç, cesaret kırıcı, gücümüzü tüketici "kötü gidişat dürtüleri" bundan doğar.

Gündelik sıkıntılar karşısında

Peki ama zihnimizin böyle acı çekmeye doğru gitmesine, acı tarafından kutuplaştırılmasına nasıl engel olabiliriz? Tek çözüm yolu çelişkilidir: Baskısını azaltmak için içimizde acıya daha fazla yer açmalıyız.

Tam farkındalığın, gündelik sıkıntı ve dertlerimizin üzerinde bir etkisi vardır. Çoğu zaman bizi uğraştıran belirsizliklerden ibaret olan dertlerimizin kesinliklere, birer hareket olan duygularımızın kronikleşip katılaşarak birer çileye dönüşmesini engellememizi sağlar. Onların somutlaşmalarına engel olur. Acı verici bir zihinsel durumun içinde sıkışıp kalmamızı, gömülmemizi önlemeye yardımcı olur.

Acımızın egemenliği altında kimi zaman hiç fark etmeden kendi kendimizi hapsederiz. Oysa hapisten kurtulmadan önce ilk yapılması gereken şey onun parmaklıklarını görebilmektir. O halde atılacak ilk adım, bunalımın gerçekliğini kabullenmek, onu bedenimizde algılamayı kabul etmektir. Buna bağlı düşünceleri ve onlardan doğan dürtüleri gözlemlemektir. Bu sıkıntının içimizde bulunmasından hoşlanmayız, çünkü bizi korkutur, bize zarar verir. Bu yüzden de tam farkındalığın cılız sesi bize şöyle fısıldar: "Bununla birlikte kal. Onun farkındalığında bulunmasından korkma. Sahte de olabilir gerçek de, önemli olan bu değil. Önemli olan, senin bu türden acıları, fikirleri, duyguları, ruh hallerini çökmeden, telaşa kapılmadan, kendine zarar vermeden içinde taşıyabilme gücüne sahip olmandır." Tam da şu Çin atasözünde söylendiği gibi: "Bırak keder ve üzüntü kuşları başının üstünden geçsin. Sen onları değiştiremezsin fakat onların saçlarının arasında kendilerine yuva yapmalarına engel olabilirsin."

Kuruntuların gönüllü kurbanları olmamak için ilk önce onların varlıklarını kabullenmek gerekir, daha sonra da onların bütün zihinsel alanımızı tek başlarına kaplamalarına izin vermemek. Kuruntularla yeterince meşgul olan zihnimizde başka konuklar da ağırlamak: Nefesimizin, seslerin, bedenimizin farkındalığının yanı sıra, gelen, giden, geri dönen diğer bütün düşüncelerimizin de farkındalığını... Düşüncelerimizin yeniden özgürce hareket etmesine ortam hazırlamak, akışkanlıklarına izin vermek için daha fazla alan gerekir. Kuruntularımızı savuşturmaya ya da onlara hiç sahip olmamaya çalışmak değil, orada bulunmalarına izin vermek ama onları tek başlarına da bırakmamak gerekir. Göreceli ağırlıklarını azaltabilmek için onları daha da büyük bir kabın içinde seyreltmeliyiz.

Sonra nefes alıp vermek. Tam farkındalık eğitmenlerinin deyişiyle "birlikte nefes almak" ve "içinde nefes almak". Çok şık bir terminoloji olmayabilir bu ama yeterince açıktır. Birlikte nefes almak: Usulca (ve sabırla çünkü acı sürekli yerine geri döner) nefesimizi farkındalığımızın merkezine yerleştirirken acılarımızı gözlemlemeye devam ederiz. İçinde nefes almak: Sanki nefesimiz bu acıların içinden geçiyormuş gibi nefesimizin acılar üzerindeki etkisini gözlemleriz. Küçük acılar, küçük sıkıntılar üzerinde sık sık bu şekilde alıştırma yaptıkça belki daha büyüklerinin gelecekleri gün kendimizi daha az eksilmiş halde bulabiliriz. Belki…

Acılarımızın geçiciliği

Bütün bunların sonucunda farkındalık ve geçiciliğin alıştırması vardır. Bize hiçbir şeyin kalıcı olmadığını, her şeyin geçtiğini hatırlatır. Gerçekliğe aşırı bağlanmanın acıları büyüten bir hata olduğunu hatırlatır. Ayrıca kulağımıza, acının "sindirilmesinin" çok daha ötesine geçen tavsiyeler de fısıldar. Hepimiz bağlandığımız şeylerin, sevdiğimiz yakınlarımızın ve sahip olduğumuz nesnelerin sonsuza dek yanımızda bulunacağına ilişkin çılgın bir umut taşırız. Aynı şekilde acı çekerken de umutsuzluğumuz bir o kadar çılgınca olur: Bizi zincire vuran bu acının da sonsuz olduğuna inanırız.

Oysa hiçbir şey sonsuza dek sürmez. Ne sevinçlerimiz ne de acılarımız, ne bağlılıklarımız ne de esaretlerimiz. Bunu anlayabiliriz. Ama deneyimini yaşamamız gerekir. Tam farkındalık içinde bağlandığımız nesneleri gözlemlemeliyiz. Onlarla kurduğumuz bağı değiştirmeliyiz: Bu vazgeçmek değil, onları akışkanlığa kavuşturmaktır. Geçici olan her şey önemsiz olacak diye bir şey yoktur ve her şeyle bağlarımızı kopardığımıza inanmamız çılgınlık olur. Önemli olan, fazla bağlanmadan her şeyi kabullenmenin, her şeyin içinden geçip gitmenin, yaşamımızı sürdürerek onun tadına varmanın nasıl mümkün olabileceğini gözlemlemektir.

Ders 15

Zihinsel acılarımızın en büyük kaynaklarından biri farkındalık eksikliğidir: Gerçekliği çarpıtarak, bütün gücümüzle bu çarpıtılmış gerçeğe bağlandığımızın farkına varmamak. Psikoterapistler, "kuruntu" ve "yanılsama"lardan söz ederler ve bir yandan zihnimizin kendini tuzağa düşürdüğünün farkına hemen varmamız gerekırken, bir yandan da bu tuzaklardan uzaklaşmamız gerektiğini bilirler. Kimi zaman kendimize zarar verdiğimizi pekâlâ bildiğimiz halde takıntı ve kuruntularımızdan bir türlü uzaklaşamayız. Tam farkındalığın iletisi basittir: Eğer bu çok zor oluyorsa o halde acı verici düşünceleri irademle dışlamaya uğraşmaktan vazgeçmeli ve bunun yerine şimdiki zamanın deneyimi içinde kalan diğer her şey için farkındalık alanımı genişletmeliyim. Bütün zihinsel alanımı kuruntu ve takıntılara bırakmamalı, onları mümkün olan en büyük kabın, sonsuza dek genişletilmiş farkındalığımın içinde seyreltmeliyim.

KONTROLÜ BIRAKMAK

Bizi etkileyen şey çıplak vücudu değil. Küçük otların bitmeye başladığı, çakıl taşlı tümseğin üzerine özenle serilmiş olan bembeyaz çarşafın şaşırtıcı ayrıntıları da değil. Ayaklarının hassas, acemi, dokunaklı duruşu da. Hayır, bizi etkileyen şey bakışı, telaşsız, mağrur yüzü. Sakin bir kesinlik okunan ifadesi. Bizi yüzünden çok sol eline, bir kanıt, bir gösterge, bir zafer işareti gibi tutmakta olduğu zeytin dalına bakmaya davet eden bakışı. Barışın ve umudun simgesi olan zeytin dalına.

Arkasında kenarları kırpık kırpık dağ gibi bir şekil görülüyor. Ancak daha yakından bakıldığında bunun aslında bir kaya kütlesi değil, yıkık bir bina olduğu anlaşılıyor. Tarlalarda gördüğümüz çitlerse aslında üzerlerinde zavallı haçlarıyla birer mezar. Puvis de Chavannes bu tabloyu 1870 Fransa-Prusya savaşından, ülkesinin İkinci İmparatorluğun yıkılışını

Umut, Pierre Puvis de Chavannes (*1824-1898*)
1870 - 1871, tuval üzerine yağlı boya, 0,705 x 0,82 m, D'Orsay Müzesı, Parıs

hızlandıracak olan büyük bir bozguna uğramasından sonra yapmış. Adına *Umut* demiş ve bunun için çok eleştirilmiş. Peki ama bu eleştirenler ne bekliyorlardı? Kızın elinde zeytin dalı yerine yeniden savaşa girişmek üzere bir tüfek ya da her şeyi yeniden kurmaya başlamak üzere bir kürek tutmasını mı?

Her zaman, her türlü intikam fikrine kayıtsız, şu an için ise her türlü eylem fikrine karşı bile kayıtsız kalmış bu genç kız ince ve çıplak bedeninden başka hiçbir gücü olmaksızın zaman ayırıyor, farkındalık kazanıyor. Geçmişin felaketlerinin farkındalığını, gelecek yeni zamanın farkındalığını hissediyor ve aktarıyor.

O zaman beyaz çarşafın üzerine usulca bırakmış olduğu sağ elinin altında bir meşe filizinin şimdiden göğe doğru yükselmekte olduğunu görüyoruz.

"Nerede benim derdim?
Artık hiç derdim yok.
Yalnızca bir mırıltı o,
Güneşin kıyısında."

PAUL FORT, *Chanson à l'aube* (Şafağa Şarkı)

Çırpınmamak

Güçlüklerle karşılaştığımızda onları çözmeye kalkışırız. Ortadan kaldırmaya, değiştirmeye ya da onlardan kaçmaya çalışırız. Ancak kimi güçlükler karşısında bu çabalarımız sonuç vermez: Eğer sorunlar bizim içimizdeyse (kendi düşünce ve duygularımız) ya da ulaşılmayacak durumdaysa (belli engellemeler) veya henüz ortada yoklarsa (bizim kaygılı beklentilerimiz). O halde kimi zaman çırpınmayı ve debelenmeyi bırakmamız gerekir. Her türlü acının karşısındaki alışkanlıklarımızdan vazgeçmek ve bu alışkanlıklarımızın belli durumları daha da karmaşık hale getirmekten, onları daha da acı verici ve belirsiz kılmaktan başka bir işe yaramadığını kabul etmek.

Kumlu bir zeminde suyun içinde yürürseniz suda küçük kum bulutları kaldırırsınız. Ayaklarınızı çevreleyen suyun yeniden berraklaşmasını mı istiyorsunuz? Kum bulutlarını ayaklarınızla, ellerinizle düzleştirmeye çalışmanın bir işe yaramayacağını bilirsiniz, tersine daha da fazla kum kaldıracaksınızdır. Siz ne kadar çok çabalarsanız kum bulutları da o kadar artacak, su o kadar bulanacaktır. Durmaktan ve kum bulutlarının varlığına izin vermekten, onların kendi kendilerine dağılmalarını beklemekten başka çareniz yoktur. Ayaklarınızın çevresindeki suyun yeniden berraklaşmasını beklemekten... Kum bulutları yaşamın acı veren deneyimleridir. Tam farkındalık bize önümüzü daha net görebilmemiz için bir süreliğine onları kontrol altında tutmayı istemekten vazgeçmeyi, yalnızca onların kendi kendilerine suyun dibine çökmelerini izlemeyi önerir...

Filozof Simone Weil şöyle yazmıştı: "Hataları gidermek için iradenizi değil, dikkatinizi kullanmayı deneyin. [...] İçimizden dilemek en mantıklı olandır çünkü konuyla hiçbir ilgisi olmayan kaslarımızın katılaşmasını önler. Erdem, şiir ya da bir sorunun çözümü uğruna çenelerimizi sıkmaktan, kaslarımızı katılaştırmaktan daha aptalca ne olabilir?"

Ancak, çözüm eylem değil de dikkat ise köşeye sıkıştığımız, bir nehrin orta yerinde balçığa gömüldüğümüz zamanlarda dikkatimizi neye çevirmeliyiz? Ne ilerlemeye ne de gerilemeye çalışmayacaksak ne yapmalıyız?

Nefes almak için durmak

Acılar ve sıkıntılar karşısında işe nefes almakla başlamalıyız.

Genel olarak kuruntulara dalmayı, kendimize eziyet etmeyi tercih ederiz, başımızda dertler olduğunda böylesi bize daha ağırbaşlı ve daha gerçekçi ya da daha etkili görünür. Bir süre geçtikten sonraysa mutlaka, bu kadar endişelenmiş olmamızın aslında saçma olduğunu anlarız. Ama artık çok geçtir ve genellikle unutmayı tercih ederiz, başka bir şey düşünmeyi. Bu arada da bundan sonraki sıkıntılar gelip aynı şeyleri eskiden olduğu şekilde yeniden başlatacaktır.

Bu yüzden tam farkındalık bize nefes almamızı, acımız hâlâ bizimleyken onun üzerinde çalışmamızı önerir. O anda ne onu ortadan kaldırmaya ne onu çözmeye, ne de kendimizi iyi hissetmeye çalışmamız gerekir: Yapılacak tek şey bizi nasıl avutabileceğini henüz bilmese de bizimle kalan, yanımızda bulunan kadim bir dostumuz gibi olan nefesimizle birlikte orada kalmaktır. Kim bilir, belki de onun varlığı, o güzel varlığı sonuç olarak sorunun kendisinden de daha önemlidir...

Tam farkındalıkla birlikte nefes alıp vermemiz yavaş yavaş yumuşatıcı bir etki de kazanacaktır. Kuruntumuzun hoş olmayan düşünce ve duygularımızı katılaştırdığı yerde tam farkındalık onları tıpkı bir mum alevinin

> Neden işe sorunu değiştirmekle başlamayı isteriz? Zaman zaman da soruna karşı kendi tepkimizi değiştirerek başlasak?

balmumunu yumuşatması gibi yumuşatıverecektir. Hoş olmayan deneyimlerimizi tam farkındalığın ışığına ve ısısına taşıyalım. Kendimizi kırılgan ve eksilmiş hissettiğimizde bunun sorunu değiştirmeyeceğini bildiğimizde bile... Neden işe sorunu değiştirmekle başlamayı isteriz? Zaman zaman da soruna karşı kendi tepkimizi değiştirerek başlasak?

Şimdiki zamanın sığınağı

Nefes almak için durduğumuzda çevremizdeki her şey acı verici bile olsa kendimizi bir sığınağın içindeymiş gibi hissederiz. Tıpkı bir geminin fırtına sırasında bir limana ya da bir körfeze sığınması gibi; kusurlu ve geçici bir sığınak ama yine de bir sığınak. Nefes alıp verirken yaşadığımızı hisseder, asıl olanın bu olduğunu, geri kalan her şeyin hiç olmazsa bir süreliğine bekleyebileceğini hatırlarız.

Şimdiki zamana sığınmak ne sorunu gidermek ne de ona bir çözüm bulmaktır. Hayır, sorunlar sürecektir ve çözüm de nefesimizin içinden fışkırmayacaktır, zaten bunun için önce ortada bir çözümün bulunması gerekir... Sorunlar sürer ancak biz onların altında kalma

ya da boğulma korkusu yüzünden debelenmek zorunda kalmadan onları gözlemleyebileceğimiz güvenli bir yer bulmuş oluruz.

Bir sıkıntı içindeyken nefes alıp vermek zihnimizi bir sığınağa sokmak demektir. Gerçeklikten kaçmak ya da eyleme geçmek için değil, daha berrak görmeyi, sakinliğe yer açmayı, zekâmıza bir şans tanımayı seçmek için. Ben ne yaparsam yapayım, ne düşünürsem düşüneyim, sorun hep oradadır. Bir kere ortaya çıkmıştır. Ancak ben hayattayım, yaşıyorum, buradayım. Elimden geleni yaparak da var olmaya, mevcut olmaya devam edeceğim. Nefes alıp vermeye devam edeceğim... Yakında bir şeyler değişmiş olacak ancak ben bunun ne olduğunu ve ne zaman değişeceğini bilmemeyi kabullenmek zorundayım.

Ders 16

Kontrolü bırakmak ne demektir? Oyalanmak ("Haydi, kafamızı dağıtalım") ya da kendimizi ikna etmek ("Gevşe, her şey yoluna girecek") yoluyla gerçeklikten kaçmak değildir: Bunu nasıl yapacağımızı zaten biliyoruz, hem kimi zaman da işimize yarıyor. Ama her zaman değil. Hayır, kontrolü bırakmak başka bir şey, yine yararlı olabilecek bir şey anlamına gelir: Belli bir zihinsel yaklaşım içinde, olduğumuz yerde kalmak, mevcut olmak. Kontrol altına almaktan, bir çözüm yolu bulmaktan vazgeçerek orada kalmak. Ama mutlaka orada kalmak. Olacak şeylere inanmak. Saflıkla değil ama merakla, dikkatli olmayı hiç bırakmadan. Hareket etmeye ara vererek kendini akıntıların gidişine bırakan bir yüzücü gibi. Amaç edilgin olmak değil, mevcut olmaktır.

DÜNYADA MEVCUT KALMAK

Özel bir şey olduğu yok. Köylü çalışıyor, çoban ağzı bir karış açık havalara bakarak koyunlarını otlatıyor, balıkçı oltaya balık takılmasını bekliyor. Gemiler süzülüyor. Uzakta bir körfez, adalar ve limanlar görünüyor. Her şey yerli yerinde. Yalnız... Bu çoban ne seyrediyor böyle? En yukarılarda kanatlı bir adam var. Gökyüzünde tek başına, Daidalos bu. Başını, sanki birini ya da bir şeyi ararmış gibi tablonun sağına doğru çevirmiş. Güneşe fazla yaklaşmayacak kadar temkinli olan Daidalos hâlâ uçuyor. Oğlu İkarus'un artık yanı başından uçmadığını yeni fark etmiş. Gökyüzünde onu arıyor. Büyük felaketlerden önceki anların sahte normalliği bu. Biz de onunla birlikte arıyoruz: Havada hiçbir şey yok, yalnızca yakıcı güneşin göz kamaştıran ışığı var, o kadar. Belki daha aşağılardadır?

İkarus'un Düşüşü, Pieter Bruegel (Baba) (*yaklaşık 1525-1569*)
1590 – 1595 yılları arasında, tahta üzerine yağlı boya, 0,63 x 0,80 m, Van Buuren Müzesi, Brüksel

Evet, işte orada: Zavallı İkarus'un bir bacağı akıntıların üzerinden birazcık görünüyor.

Ölmek üzere, düşüşü nedeniyle parçalanacak ya da boğulacak. Onun için her şey bitti artık. Ancak ondan başka bütün insanlar için yaşam devam ediyor. Yaşam akışını sürdürüyor ve Bruegel'in bize söylediği gibi: Her şey öncekiyle aynı. İkarus'un ölümü kimsenin umurunda değil, ne köylünün ne çobanın ne de çok yakınında olmasına rağmen balıkçının. Hem bu ölümü bilseler bile ne değişir ki? Her gün, her yerde ölenler, zavallı ölüler oluyor. Dünya da her zaman dönmeye devam ediyor.

Bir skandal mı bu? Hayır. Yalnızca bir olay, köpüklerin üzerinde birkaç dalga. Üstelik dünyanın dönmeye devam etmesi de belki bir şanstır. Felaketle her karşılaştığımızda bizimle birlikte bütün dünyanın da çökmesi kimin ne işine yarardı sanki?

"Hoş olan ve olmayan deneyimlerin çatışma, mücadele ya da acı olmaksızın görünüp kaybolabilecekleri, uzay kadar geniş bir zihin geliştirin. Gökyüzü kadar geniş bir zihnin içinde bulunun."

BUDA, *Majjhima Nikaya*

Dünyayı yitirmemek

Acı her yeri kaplar. Farkındalığımızı ele geçirir ya da biz onun üzerine büzüşüp kapanırız. Özellikle de yas ve özlem zamanlarında: Acı, yitirdiğimiz şeyle bağlantılıdır ve artık acı çekmemek daha da fazla yitirmek anlamına gelir. Bu yüzden de acının üzerine kapanma hareketinin içinde hem doktorların deyişiyle "ağrı dindirici bir pozisyon" bulma arayışı hem de elimizde kalmış olana tutunma vardır. Ancak bu şekilde kendi içimize, derdimizin, anılarımızın üzerine kapanmak yoluyla tepki verdiğimizde tehlikeye gireriz: Dünyadan çıkmış oluruz. Filozof Simone Weil "dünyayı yitirecek derecede acı"dan söz eder. Bir noktadan sonra kendimize gelmeyi nasıl başaracağız? Madem acımızı savuşturmayı beceremiyor ve üstelik kimi zaman bunu yapmayı da istemiyoruz, o halde bizi çevreleyen dünyayla temasımızı koparmadan onu içtenlikle kabul etmeyi nasıl başaracağız?

Büyük bir acının bizi yaşamın dışına itmemesi için küçük acılar üzerinde çalışmalıyız. Gündelik yıkımlar, çaresizlikler sırasında dünyada kalmalıyız. Büyük olanlarının sıkıntısına iyi kötü hazırlanabilmeye çalışmak için küçük üzüntüler üzerinde çalışmalıyız.

Önce farkındalığımızı genişletmek

Acının tek başına kalmaması, bütün dikkatimizin onun üzerine odaklanarak büzüşmemesi için farkındalığımızda başka unsurların da var olabilmesi gerekir. Nefesimiz için yer ayırmamız gerekir, bedensel hislerimiz, çevremizi saran sesler için yer ayırmalıyız. Acının farkındalığımızın bütün alanını kaplamasına izin vermemek, kabın

hacmini büyütmek gerekir. Çağırmak, önümüzden geçen bütün yaşam parçalarını içimize davet etmek gerekir.

Sonra da düşüncelerimizi gözlemlemek. Onlar da acının üzerine odaklanmışlardır. Oturup gözlerimizi kapamalı, nefes alıp vermeli ve bu sırada içimizdeki acının bizi nereye doğru ittiğini görebilmeye zaman ayırmalıyız: Hangi kapanmalara, hangi yalıtılmışlıklara doğru. Nefes alıp vermeye, hissetmeye, var olmaya devam etmeliyiz. Yaşamımızın acı ve üzüntünün çevresinde tıkanıp kalmaması için nefesimizi tıkamamalıyız.

Kimi üzüntüler kendi kendilerine geçerler mi? Evet, kuşkusuz. Belki bu yolla olacağı kadar da hızlı. Ancak tam farkındalık tarafından sindirilmiş bir acı, ardında bir sonra gelecek olanın izlemesi için bir yol bırakmayacaktır. Yalnızca tatsız bir anıya dönüşecek, küçük bir saatli bomba olmayacaktır.

Avuntular

Acı çekmenin yalnızlığı gerçek ve mutlaktır: Kimse bizim yerimize acı çekemez ve kimse acımızın bir gramını bile bizden alamaz. O halde bize yardım edilmesi mümkün değil midir? Avuntu söz konusu olamaz mı?

Hayır, aslında avunamayan, avuntuyu dinlemeyi istemeyen bizizdir. Genel olarak avuntuları dinlemeyiz çünkü onların hiçbir işe yaramayacaklarına ikna olmuşuzdur. Bir işe yaramadıkları doğrudur, eğer istediğimiz her şeyin eski haline dönmesi, sorunumuzun ortadan kalkmasıysa: Kaza hiç yaşanmamış olsun, ölüler dirilsinler. Eğer istediğimiz, olmuş olanın onarılmasıysa avuntu bir işe yaramaz. Ama onarımın her şekilde olanaksız olduğunu ve acımız için hiçbir çözüm bulunmadığını anlamayı başarırsak o zaman avuntu, kendisini dinlemeyi öğrendiğimiz takdirde bize başka bir şey öğretir: Acılarımızın yanı sıra bizi içine almaya hazır olan bir yaşamın hâlâ var olduğunu.

Eğer bu çabayı gösterirsek avuntuların ardında merhamet bulunduğunu keşfederiz. Merhamet felaketin karşısında bir ilaç değildir gerçi, yalnızca bir can simidi, her şeye karşın yaşamak için bir teşviktir. Ancak farkındalığımızı, çevremizde aynı zamanda sevgi ve şefkatin de bulunduğu gerçeğine açarak genişletir. Bize alçak gönüllü bir mesaj verir: Kimi zaman yakınlarımızın elinden gelen tek şey güçsüzlük ve mevcudiyettir. Güçleri onarmaya yetmeyebilir ama bize insan olarak, canlı olarak kalmamızı hatırlatmak için mevcutturlar: Acının bir yaratığına dönüşme, kendini mahvetme, kendini katılaştırma, dünyayı terk etme. Hayatta kal...

Ağlamaya devam edecek miyiz?

Daidalos bir daha uçmayı reddedecek mi? Yoksa oğlunu düşünerek uçmayı sürdürecek mi? Güneşin ve bulutların yolculuğunu, toprağın ve denizin güzelliklerini, köpüklerin kıyıdaki narin desenlerini hayranlıkla izlemeyi sürdürecek mi? Yoksa bitkinlik içinde kalıp sonsuza dek ağlayacak mı?

Uç Daidalos, uç ve oğlunun anısını da yanında uçur... Yaşamaya ve uçmaya devam et. Başka ne yapabilirsin sanki? Uçarken de kederini boğmaya ya da bastırmaya çalışma. Yalnızca zihnini uçsuz bucaksız gökyüzüne aç. Kanatlarının altından geçip giden bu güzelliği bütün yoğunluğunla içine kabul et. Dünyanın görüntüsü karşısında bütün gücünle mevcut kal. Uçuşun sırasında kederini içinde taşımaktan korkma. Oğlunun gördüğü şeyleri gör. Hissettiklerini hisset. Onun için nefes al. Onun için gülümse. Onun için dünyayı sev.

Bu yaşam devam ediyor, sana ağır gelen bu yaşam senin kurtuluş çaren olacaktır. Her şey orada. İkarus da orada. Uçuyor. Seninle birlikte.

Ders 17

Çok acı çektiğimiz, çok mutsuz olduğumuz zaman dünyadan koparız. Onda artık hiçbir yarar göremeyiz, gözümüze faydasız ve neredeyse incitici görünür. Ancak yine de o kendince bize yardımcı olacak, bizi kurtaracaktır. Ne kadar çok acı çekiyorsak, çevremizdeki her şeyle bağlantı içinde kalmaya o kadar özen göstermeliyiz. Kopuş ve uzaklaşma, kendi içimize kapanma her zaman için acıyı keskinleştirir ve uzatır. Egzersiz: Kendimi mutsuz hissederken dünyanın güzelliğine karşı duyarlı kalmaya devam etmek. Beni hemen rahatlatmasa, bana anında yardımcı olamasa bile. Bir an gelecek ve her şey dağılacak, dünyanın güzelliği beni kurtaracaktır.

YARALIYKEN BİLE İLERLEMEK

Sadece şöyle bir göz atmakla yetinirsek bu tablo yumuşak ve hoş bir kır manzarasını resmeder: Otların arasına uzanmış bir genç kız tepenin üzerine tünemiş bir grup binaya sakince bakıyor. Ama eğer bir an duracak olursak bir şeylerin yolunda gitmediğini sezeriz: Otlar cehennemî bir bozkır gibi yanık görünüyor, ev ise hem çok uzakta hem de çok karanlık. Üstelik genç kızın da tuhaf bir hali var... O zaman daha yakından bakar, hissettiğimiz rahatsızlığın nereden geldiğini bulmaya çalışırız: Kızın duruşu tamamen normal değildir. Dirseğinin üzerine dayanıp da kaygısızca manzarayı izleyen birinin duruşuna tam olarak benzemez. Daha çok yerde sürünen birinin konumunda gibidir. Sonra kolları fazla zayıf, dirseği çok cılız, derisinin üzeri kabuklarla kaplı, otlara yapışmış olan sol eliyse şiş ve bozuk şekillidir... Neler oluyor? Burada bize ne gösteriliyor? İşte bu tablonun

Christina'nın Dünyası, Andrew Wyeth (*1917-2009*)
1948, panel üzerine tempera, 0,819 x 1,213 m, New York Modern Sanat Müzesi

öyküsü: Burada resmedilen genç kadın hastadır, çocuk felci geçirmiştir. Burada uzanmış düş kurmuyordur, koltuk değneği ya da tekerlekli iskemle kullanmayı reddettiği için sürünerek evine dönmektedir. Üstelik o genç bir kız da değil, elli dört yaşında bir kadındır. Ressam Wyeth onu iyi tanıyordu, Maine eyaletindeki Cushing kasabasında yaşayan komşularından biri, Christina Olson'dı.
O zaman rahatsızlığımızın nedenini biraz daha iyi anlarız. Tablo bize gizli bir hüznü, üzeri örtülü bir yalnızlık ve kederi gösterir. Ayrıca ufukta görülen bir sığınaktan ve ona elimizden geldiğince yaklaşmamız gerektiğinden söz eder. Sonundaysa yaşamlarımızda sık sık karşılaştığımız bir soru sorar: Pes etmek mi, ilerlemek mi? Yaralıyken bile sürünerek ilerlemek…

"Acı çekmemeye ya da daha az acı çekmeye çalışmak yerine acının bizi değiştirmesine izin vermemek."

SIMONE WEIL, *Yerçekimi ve Tanrı'nın Lütfu*

Gizli yaralar

Gözle görülen, fiziksel yaralar vardır. Bir de ruhun yaraları, yetersizliklerden ya da geçmişin dramlarından doğan, gözle görülmeyen ama yine de zihinlerimize ve etimize kazılı olan kırılganlıklar. Kimi zaman bilinçli, kimi zamansa uykuda olan bu kırılganlıklar bizi iki dünya arasında kalmış insanlara dönüştürürler: Görünürdeki normallikle gizli anormallik arasında.

Uzun zaman boyunca bu yaraların, zayıflıkların var olmadığı düşünü kurmuşuzdur. Sonra da kendi kendilerine yok olup gideceklerini düşlemişizdir: Yaşamla, sevgiyle, zamanla. Bugünse onca yıla ve çabaya karşın onların var olduğunu itiraf etmek zorundayızdır: Hâlâ buradadırlar. Daha uzun bir süreliğine, belki de sonsuza dek.

O halde onları unutmayı, hiç düşünmemeyi, onlar yokmuş gibi yapmayı öğreniriz. Genellikle de bu işe yarar. Sonra, zaman zaman stres ya da üzüntü sarsıntılarının etkisi altındayken her şey yeniden uyanır ve hayaletler saklandıkları dolaptan dışarı çıkarlar.

Eski iblislerin uyanışı

Depresyon ya da anksiyete veya daha başka bir duygusal bunalımdan çıktığımızda yara izlerimiz örtüktür. Sonuç olarak yalnızca hastalığın hafifleme dönemindeyizdir, o kadar. Çünkü zaman geçmiştir, çünkü değişmişizdir. Çünkü yaşam yumuşamıştır. Ancak yaşam zorlaşınca yarıklar da yeniden açılır ve böylece tüm bu şeylerin karşısında her an çökebileceğimiz duygusu geri gelir. İçimizde yolunda gitmeyen her şeyin tarafına doğru yeniden çekildiğimiz bu anlar birer yol ayrımıdır: Hâlâ bir şeyler yapabilir, yüzleşebiliriz. Sandığımızdan daha da fazla.

İşte bu nedenle tam farkındalığın meditasyon uygulamaları psikoterapi dünyasına taşınmıştır: "Nüksetmenin önlenmesi" dediğimiz şeyi kolaylaştırmak için. Psikanaliz gibi geleneksel terapiler ve onların acılarımızın kaynakları üzerindeki derinleşmiş düşüncesi bunun için yeterli olmuyordu. Bilişsel ve davranışsal terapiler gibi daha yeni terapiler bunu biraz daha iyi başarıyorlardı gerçi ama kusursuz değillerdi. Bunun üzerine bütün bu yaklaşım ve çözüm yollarına bir de tam farkındalık çalışmasının eklenmesi önerildi. Bugün bunun iyi bir fikir olduğu görülüyor: Tam farkındalık uygulayan kişilerde nüksetme durumlarının daha seyrek ve daha az şiddetli olduğu gözleniyor.

Gündelik baskı ve itiştirmelerin etkisi altında kederli düşüncelerin yeniden harekete geçirilişinin farkına varmak onlara boyun eğmemeyi, hiç olmazsa tamamen teslim olmamayı sağlar. Gerçek bir seçim yapmayı da: Onları duymak ya da ötesine geçmek için. Onlar bize bunun boşuna olduğunu mırıldansalar, bunun gücümüzü aştığını söyleseler, böyle çabalayıp durmaktan vazgeçmemizi haykırsalar bile ilerleyip çaba harcamak için. Özellikle de onlara boyun eğmemek için.

Tam farkındalık kendimizin derinliklerinden gelen bu emirlerin gözümüzü korkutmaması için bize yardımcı olur. İyi olmadığımız zamanlarda onu uygulayarak içimizdeki endişe ve cesaretsizlikleri bir tam farkındalık alanına yerleştirmiş oluruz. Çok kötü olmadığımız zamanlardaysa onu uygulayarak fırtınalarla başa çıkmaya hazırlanabilmek için küçük dalgalarla alıştırma yapmış oluruz.

Metre metre, anbean

Bir de elimiz kolumuz bağlı kalmasın diye. Tam farkındalığın müttefikleri de vardır: Örneğin eylem. Yorucu bir yürüyüş sırasında durmamızın mümkün olmadığı bir anda içimizde durmak için bir dürtü hissedersek yapacağımız gibi, başımızı hafifçe eğer ve adım adım, metre metre ilerlemeye devam ederiz. Bunun bir işimize yarayacağından emin olamasak bile hareket edip ilerleyebilir, üzerimize yağan güçsüzlük emirlerine kulak asmayabiliriz. Geçmişin bu otomatik düşüncelerinin saklandıkları yerden çıkarak gücü yeniden ele geçirdiklerini hissedebiliriz. Buna karşın devam edebiliriz.

Kesinlikle dünyadan kopmamamız gerekir. Başımızı kaldırıp çevremizdeki her şeyin içimize girmesine izin vermeliyiz. Çaresizlik ve çöküş düşüncelerinin saldırısını görmeliyiz ama onlarla birlikte kendi içimizde kapalı kalmamalıyız: Zihnimizin kapılarını ve pencerelerini bizi kuşatan dünyaya kocaman açmalıyız.

Oradaki sığınağa kadar ilerlemek

Birazdan Christina evine varacak. Kapı eşiğine oturup her akşam olduğu gibi yine güneşin batışına bakacak. Her şeye karşın var olduğu için kendini mutlu hissedecek. Hastalığına, yorgunluğuna, ağrıyan ellerine, neredeyse sürekli olarak yaşamını kaplayan kelimelere dökülmez hüzne karşın mutlu. Ressam onun bir portresini daha yapmayı rica edecek, orada eşikte, ışığa karşı otururken ve o da evet diyecek. Bir kere daha güneşe bakacak. Nefesinin dinginleştiğini hissedecek. İçini çekip gülümseyecek. Bu mükemmel bir an olacak.

Ders 18

Kimi zaman o kadar kötü hissederiz ki yalnızca eyleme sığınmamız, hayatta kalabilmek için bıkıp usanmadan çabalaması gereken bir hayvana dönüşmemiz gerekir. Hiç düşünmeden. Çünkü mutsuzluğun egemenliği altında kalan düşüncenin daha da fazla mutsuzluk ve körlüğe yol açtığını biliriz. O halde yalnızca eylemde bulunmalı: Yine de bizim için neyin iyi ya da gerekli olduğunu kabaca bilerek, yani önceden biraz düşünmüş olarak! Sonra eyleme geçmeli, tam bir alçak gönüllülük içinde. Bunu hayatta kalmamıza yardımcı olacağını bildiğimiz için yapmalıyız. Yürüyüşe çıkmak, bahçeyle uğraşmak, ortalığı toplamak, tamirat yapmak, çalışmak. Kendimizden kaçmak ya da kendimizi rahatlamış hissetmek için değil, başka hiçbir şey yapamayacağımız ve eğer hiçbir şey yapmazsak çökeceğimiz için. Bu ne eğlenceli ne de takdire değer bir şey ama yaşamlarımızda böyle anlar da var işte.

GİZEME
BOYUN EĞMEK

Floransa'daki San Marco Manastırı'nın kuzey yatakhanesinde, yedi numaralı hücrenin duvarını tuhaf ve muhteşem bir fresk kaplar. Hayatımda gördüğüm en şaşırtıcı ve en sarsıcı sanat eserlerinden biridir bu.

Düşsel ve gerçek dışı bir atmosfer içinde, doğaüstü bir huzur ortamında gözlerinin üzerine sarılmış bir kumaşla kör edilmiş İsa tacize uğramaktadır: Gerçek kişiler tarafından değil, darbeler ve tükürükler tarafından, şiddet eylemleri ve bir sopa tarafından, havada asılı duran hayret verici soyut hakaretler tarafından. İsa taciz ediliyor ama görkem içinde: Bir tahtın üzerinde oturuyor, elinde sazdan bir sopa ve dünyanın kralı olarak bir küre bulunuyor.

Nasıl olup da hem aşağılanıp hem de hüküm sürebiliyor? Annesi Meryem ve Aziz Dominik ayaklarının dibindeler. Meryem Ana dalgın ve derin bir hüznün içine sığınmış.

İsa'nın Aşağılanması, Fra Angelico (1400-1455)

1438, fresk, 1,87 x 1,51 m, San Marco Müzesi, Floransa

Aziz ise okuyor. İkisi de başka bir yerde gibiler. Ama İsa'ya karşı kayıtsız da değiller: Eğer Meryem Ana endişeliyse bu onun için. Dominik'in okuduğu şey ise kuşkusuz İncil'de anlatılan onun yaşamı. İsa'ya karşı kayıtsız değillerse de görünüşe bakılırsa çektiklerine karşı kayıtsızlar. Onu terk etmemişler, ona bağlı kalıyorlar, Meryem düşünceleriyle, Dominik ise okuduklarıyla. Ama ne ona yardım etmeye çalışıyorlar ne de haline acıyorlar. Niye?
Freskin berrak ışığında mantığımızın tutunabileceği çok fazla bir şey yok: Her şey bize belirsiz görünüyor. İlk anda hiçbir şey anlamadığımızı kabul etmekten başka çaremiz kalmıyor. Ancak bu, yaşamlarımızda çoğu zaman böyle değil midir? Her ne kadar kendimizi aksine inandırmayı istesek de…

"Gerçek, patikaları olmayan bir topraktır."

TIZIANO TERZANI, *La Fine è il mio Inizio* (Son Benim Başlangıcımdır)

İtilip kakılmış ve gözleri bağlıyken insan kalmak

Freskteki İsa gibi kimi zaman başımıza gelen şeylerin şiddeti bizi aşabilir, kendimizi boğulmuş, ezilmiş hissedebiliriz. Çaresizlik deneyimi gözümüzü bağlar: Görüş alanımızı ve ufkumuzu daraltarak onları üzerimize yığılan eziyet tufanına indirger. Aynı zamanda da bizi insanlıktan uzaklaştırır: Acı içindeki hayvanlara, ıstırap çeken yaratıklara döneriz. Artık dünyayla hiçbir bağ kurmamız mümkün değildir, büyük acılar bizi yalnızlaştırır, dondurur ve sıkıştırır. Dışarıdaki felaketlerin üzerine bir de içeriden boğulmamıza yol açar. Böylece yaşamlarımız hem içeriden hem dışarıdan çatırdar.

O zaman bütün gücümüzle duyarlı insanlar olarak kalmaya çalışmamız önemlidir. İnsanlığımıza ve çevremizde onu uyandıran her şeye tutunmamız gerekir; doğaya, güzelliğe. Zihnimizi yeniden ve her zaman acılarımızdan başka şeylere de açmalıyız. Talihsizliklerin üzerini örtmek, onları unutmak için değil, yalnızca yaşamımızda olduğu gibi zihnimizde de mutlak hüküm sürmelerine engel olmak için. Dachau kampından kurtulmuş bir Avusturyalı psikiyatrist olan Viktor Frankl'ın kitabındaki şu bölüm gibi: "Akşamları günün çalışması sonrasında yorgunluktan ölmek üzere, ellerimizde çorba karavanalarımızla barakanın toprak zemininde yatmışken arkadaşlarımızdan birinin koşarak içeri girdiği ve bize bütün yorgunluğumuza ve dışarıdaki soğuğa karşın sırf şahane bir güneş batışını kaçırmamamız için yoklama meydanına çıkmamız için yalvardığı olurdu." Bunlar ne birer kaçış ne de içinde bulundukları dehşetten uzaklaşmak için kullandıkları birer psikolojik savunma mekanizmasıydı. Bunlar yalnızca birer farkındalık ve üstün zekâ eylemiydi, o kadar: Ölüm sellerinin çevrelerini sardığı bir anda bu insanlar zihinlerini dünyada güzel olan şeylere yönlendiriyorlardı. Çaresizliğin içinden geçiyorlardı, yollarını şaşırmış, dertleri başlarını aşmıştı. Ama insanlıklarından vazgeçmiyorlardı.

"Üç negatif yetenek"

22 Aralık 1817 tarihinde kardeşlerine yazdığı ünlü bir mektupta İngiliz şair John Keats onları, adına "negatif yetenekler" dediği şeyleri geliştirmeye davet eder. Bunda bir çeşit olgunluk ve psikolojik edinim görmektedir: "Zihnimin içini tıka basa dolduran birkaç şey var ve şu anda bir insanı özellikle edebiyat alanında başarılı kılmaya katkıda bulunan ve Shakespeare'in bolca sahip olduğu bir niteliği çok çarpıcı buluyorum. Kastettiğim şey negatif yetenek, yani bir insanın huzursuzluk içinde aklın ve somut gerçeğin peşinden koşmaksızın belirsizlik, gizem ve kuşkular içinde bulunabilme yeteneği."

Belirsizlik, gizem ve kuşku... İnsanın hemen somut ve akılcı olana sarılmayı istemeden kendi içinde kontrolünü ve belirleyici noktalarını yitirmeye göz yumma yeteneği nasıl geliştirilebilir?

Belirsizliğe göz yummak mı? Belirsizlik kaygıların kaynağıdır: Her türden anksiyete, özünde belirsizliğe katlanamamaya götürülebilir. En büyük iki belirsizlik olan gelecek ve ölümün bize işkence edebilmesi de bu yüzdendir. Hepimiz yaşamlarımızda belirsiz olanı sınırlandırmaya çalışırız: Önlemler ve güvenceler alarak, defalarca denetlemelere başvurarak, bütün bu korunmalarla

kendimizi tüketme, yaşamımızın önünü tıkama risklerine girerek. Zihnimizi kesinliklerle doldurmayı isteriz. Oysa aslında kendimizi güvenceye alamayız: Bütün bu çabaların aslında boşuna olduğunu içten içe biliriz, bütün dualarımızın, yakarışlarımızın zavallı birer çırpınıştan ibaret olduğunun farkındayızdır. Çünkü gerçek şudur: Yaşamımızda çözülmesi mümkün olmayan sorunlar vardır ve biz de bunu kabul etmek zorundayızdır. Onları kabul etmek ve bir daha da onların bizi germesine izin vermemek. Heybemizde bu çözülemeyenlerle birlikte yaşamaya ve ilerlemeye devam etmek.

Kuşkuya göz yummak mı? Ne yapacağını, ne düşüneceğini bilmemeye göz yummak mı? Eylem ya da yargılara, hiçbir işe yaramasa da iç rahatlatıcı olan hazır düşüncelere tutunup kalma gereksiniminden vazgeçmek mi? Seçim yapmaktan ya da seçimlerimizin kesinlikle doğru olmasından vazgeçmek mi? Çoğunlukla bizim için şöyle demekten başka çözüm yoktur: "Bilmiyorum, bilemem, ancak kuşkulanabilirim." Ancak bu kuşkunun bizi seçim yapmaktan ve gerektiğinde harekete geçmekten alıkoymaması gerekir. Sonrasında, bu sefer de yeni kuşkular içinde, ne yapmak gerekeceği yerine doğruyu yapıp yapmadığımız üzerine kuşkularla yaşamamamız gerekir.

Gizeme göz yummak mı? Bizi aşan, anlaşılmaz bulduğumuz bir şeye göz yummak mı? Bu bize biraz daha kolay görünebilir çünkü gizemin bizim erişimimizin dışında kaldığını hissederiz. Bu yüzden de onu daha kolay kabulleniriz. Ancak gizem kargaşa demek değildir: Arkasında bir mantık, bir çözüm, bir anlam gizli olabilir. Bu sefer kendimizi sorgularız. Sonsuza dek. Mutsuzluğun, acının, adaletsizliğin gizemi içinde çoğu zaman yalnızca sorular vardır: Neden? Ancak yanıtlar yoktur. Böylesi daha iyidir. Çünkü yanıtlar geldiğinde tehlikeli olurlar, mutsuzluğun sularında katılaşmış, sahte kesinliklerdir bunlar: "Ben lanetliyim, iflah olmam, hiç çıkış yolum yok." Bu türden yanıtlardansa hiç yanıt olmaması yeğdir. Ayrıca, kimi sıkıntı hallerinde acının ateşi içinde kendimize sorular sormamayı öğrenmek de daha iyi olabilir belki. Nefes alıp vermek ve zihnimizi açmak belki de daha iyidir.

Şimdiki zaman ve kargaşa

İsa'ya özgü kesinliklere sahip olmaktan aciz bizler talihsizliklerle karşılaştığımızda ne yapabiliriz? Şimdiki zamana sığınabiliriz. Bilememe, yapamama, anlayamama duygusunu içimizde barındırma alıştırmaları yapabiliriz. Bunun ne kadar rahatsız edici olduğunu gözlemleyebiliriz. Bizi keder dalgaları ve düzensiz dürtülerle boğmaya ne kadar meyilli olduğunu: "Silkin, bir şeyler yap, böyle durma." Bu deneyime karşı hoşgörü kazanmalı, bu hoşgörüyü geliştirmeliyiz. Tıpkı bir arkadaşımızı dinler gibi: Kimi durumlarda onun sorunlarını çözmeye ya da onun için bir çözüm bulmaya kendimizi zorunlu hissetmeden onu dinlemeyi bilmemiz gerekir. Yeterince iyi dinlememize engel olma riski taşıyan bu çözüm bulma baskısından kendimizi kurtarmamız gerekir. Kendi dertlerimizin üzerine eğilirken de aynı şeyi yapalım: Kontrolü ele alma gerekliliğiyle kasılmadan önce şimdi ve burada hangi durumda bulunduğumuzla sakince yüzleşelim. O, daha sonra gelecektir...

Bu anlamaktan ve egemen olmaktan vazgeçişi bir bozgun ve bir zorunluluk olarak değil, bir kurtuluş ve bir seçim olarak görmek de önemlidir. Egemen olmaktan gerçekten vazgeçmek, inleyerek pişman ola ola değil. Zihnin ve bedeninle vazgeçmek. Vücudun ve ruhunla vazgeçmek. Yoksa zihninden inlerken yalnızca vücudunla vazgeçmek (hiçbir şey yapmamaya boyun eğmek) değil. Bu vazgeçişin ne kadar dinginleştirici olduğunu hissederek vazgeçmek.

Dikkat: Kuşkusuz bu yaklaşım her zaman öncelikli olmak zorunda değildir. Kimi zaman ya da sık sık ilk önce çözüm yolları aramak gerekir. Ama eğer çözüm bulamazsak ya da bulduğumuz çözümlere karşın sorun her defasında geri geliyor ve yeniden başlıyorsa çıkış yolunu başka yerde aramak gerekecektir.

Zekâm ve aklım sorunlarımı anlamam ve aydınlatmamda, çözüm yolları bulmamda bana yardımcı olmak için birer ışıktırlar. Ancak kimi zaman bu ışıklar yeterli olmaz ve tam aksine beni hapsetmeye ya da başka yolları görmeme engel olmaya başlayabilirler. Güneş parıldıyorken bize yeryüzünde görülebilecek ne varsa hepsini önümüze seriyormuş duygusu verir. Ancak gece olup da güneş söndüğünde, yıldızlı sonsuzluğun karşısında birdenbire görülecek başka şeylerin de bulunduğunu, güneşin ışığının bile bizden birçok şeyi gizlediğini anlarız.

Ders 19

Zayıflık ve güçsüzlük konumunda bulunmayı hiç kimse sevmez. Ancak her zaman seçme şansımız olmayabilir. O halde buna hazırlanabilmemiz mümkün müdür? Belki... Tam farkındalık alıştırmalarını düzenli olarak uygulayarak yine aynı düzenlilik içinde her zaman kafasına göre davranan bir zihinle, bize zarar veren fiziksel ya da psikolojik hislerle yüzleşiriz. Ancak her şeye karşın orada kalmaya karar vererek, rahatsızlık ve kargaşaya karşın alıştırmanın içinde kalarak çok değerli bir yetenek kazanırız: Bu kontrolsüzlük ve bunalmışlık duygusuna göz yumabilme yeteneği. Acıya karşın orada kalabilmeyi öğrenmek bir tür mazoşizm değildir. Acıyı sevmek değil, bunun yaşamımızın akışı içinde karşımıza çıkabileceğini kabullenmektir. Ve ona karşı birazcık da olsa hazırlıklı olabilmek.

MUTLULUĞUN USULCA BELİRMESİNİ GÖRMEK

Uzaklardan usulca beliren bir vaat gibi, lagüne yaklaşırken gözlediğimiz bir harika. Araftan çıkmakta olan bu şehir Venedik. Yakında ona varacağız, yakında adımımızı onun narin toprağının üzerine atacağız, yakında onu ölmekte olan güzelliğinin ihtişamı içinde keşfedecek ve tamamını gezeceğiz. Güneş son bir ışık ve sıcaklık yayılımıyla sanki bizi karşılıyor. Lagündeki gökyüzünü şahane bir altın sarısına boyuyor.

Ay şimdiden ufukta yükselmekte, tablonun sol köşesinde serinlik ve akşamın koyu maviliğini getiriyor. Biz kıyıya çıktığımızda güneş ve gün ışığı artık orada olmayacak. Bu yüzden bu an bizi sarsıyor, ürpertiyor. Bugünü yaşadığımız için, bu harikulade alaca karanlığa tanık olduğumuz için ne kadar mutluyuz. Şimdi güneş çekilirse ne olacak peki?

Venedik'e Yaklaşma, Joseph Mallord William Turner (*1775-1851*)
1844, tuval üzerine yağlı boya, 0,62 x 0,94 m, Washington Ulusal Sanat Galerisi

"Her saniye cennete gireriz ya da cennetten çıkarız."

CHRISTIAN BOBIN

Bir farkındalık eylemi olarak mutluluk

Her şey esenlikle başlar. Karnı tok olmak, sakin olmak, sıcakta, tehlikelerden uzakta bulunmak. Bu bile mükemmeldir, kendimizi böyle hissetmek muhteşemdir. Bu temel esenlik bütün hayvanlarda, insan da dâhil bütün canlılarda ortaktır. Bu kadarıyla yetinmek mümkündür. Ancak bu aslında mutluluk değildir çünkü adına mutluluk dediğimiz şey bunun çok daha ötesine geçer.

Eğer bu esenlik anlarının farkına varırsak, kendi kendimize, "yaşadığım şey bir şans, bir nimet, bir lütuf," diyebiliyorsak o halde başka bir şey oluyor demektir. Bu durumda esenlik mutluluğa dönüşmüştür. Eğer zihnimi açıp da başıma gelen bütün iyi şeylerin tadını bütün farkındalığımla çıkarırsam, kendimi mevcut kılarsam o zaman bu anın benim üzerimdeki etkisi sonsuz derecede artar. Fiziksel ve ruhsal gereksinimlerimin tatmini aşamasını aşar. Metafiziksel isteklerimi ve kaşıntılarımı doyuracak ya da yatıştıracak gücü kazanmış olur. Anlam, aidiyet, sevgi, huzur, sonsuzluk gibi...

Farkındalık olmadan mutluluk olmaz. Ya da geçmişe dönük mutluluklar mümkün olabilir yalnızca, şair ve yazar Raymond Radiguet'nin şu unlü dizesinde dediği gibi: "Mutluluk, seni ancak giderken çıkardığın gürültüden tanıdım." Şimdiki zamanın farkındalığı olmayınca yaşamayı bilemediğimiz geçmiş mutluluklar için pişmanlık duyacağız demektir. Bunlar, farkındalığımızla can vermeyi bilemediğimiz ölü doğmuş mutluluklardır. Varoluşun bizi ezdiği, yapacak çok fazla işimiz olduğu için gözlerimizi açıp da yolumuza çıkan mutluluk olasılıklarını görmeye zaman bulamadığımız dönemlerde başımıza gelen budur. Üzgün ya da endişeli zamanlarımızda bize böyle olur: Artık şimdiki zamandan çıkmışızdır, zihnimiz ya geleceğin endişesinde ya da geçmişin pişmanlıklarında bulunmaktadır. Bu durumda mutluluğu da ancak umabilir ya da onun arkasından ağlayabiliriz ama onu hissedemeyiz.

Tam farkındalık, günlerin bize sunduğu çok sayıdaki mutluluk olasılıklarının tadını daha yoğun biçimde çıkarabilmemize yardımcı olur. Eğer bu olasılıkların içinden zihnimiz başka yerdeyken (tasarı, düşünce ya da dertlerimizde) geçecek olursak hiçbir şey göremez ve hissedemeyiz. Eğer onları aramadan zihnimizi ve farkındalığımızı çevremizi saran her şeye düzenli olarak açarsak o zaman onları görebiliriz. İstememize gerek kalmadan onların lütfuna ereriz. Çoğu zaman da küçük parçacıklar halinde bile olsa mutlu oluruz. Günlerimizin akışı içindeki hafif, kısa, kusurlu ve eksik ama çok sayıda, değişken, canlı ve yenilenen mutluluk parantezleridir bunlar. Üzerine mutluluğun küçük toz zerrecikleri serpiştirilmiş yaşamlar. Küçük parçalar halinde mutlu yaşamlar: kısaca mutlu yaşamlar.

Farkındalık ve incelikli mutluluk

İçimizde mutluluğun doğmasını sağlayan da yitirme korkusunu yaratan da farkına varma halidir. Mutlu olduğumuz zaman yakında mutluluğumuzun biteceğinin de açıkça farkındayızdır: Mutluluk ancak aralıklı olarak uğrar ve bütün yaşamımız boyunca bir görünüp bir kaybolacaktır. Burada hedef onu elde tutmak için ona sıkı sıkı yapışmak, yakında gideceği düşüncesiyle endişe ya da kederlere kapılmak değil, onun tadına varmak, yok oluşlarını kabullenip geri dönüşlerine, kısa süreliğine bile olsa gelip geçişlerine hazırlıklı hale gelmek olmalıdır.

Karamsarlar ve endişeli insanlar buna katlanmakta zorlanır ve kimi zaman da bunun kalıcı olmadığını bildikleri için kendilerini mutluluğa ve yaşamda güzel olan hiçbir şeye bırakmamayı tercih ederler. Haklıdırlar da: Kalıcı olmayacaktır. Ne olmuş yani? Sırf mutluluk bizi terk edecek diye onun tadını çıkarmamamız mı gerekir yani? Bize sunulan tercih önce mutlu olup sonra bunu yitirmekle mutlu olmak için kendimize asla izin vermemek arasındadır. Mutluluğu içine çekmekle kendini hem mutluluktan hem de onun kaybından korumak için kaskatı kesilmiş bir acı severlik arasındadır. Bana kalırsa tercih çok açık…

Bilim bize gösteriyor ki son defa mutlu anlar yaşadığımızın farkına vardığımızda onları yaşamaktan duyduğumuz mutluluk azalmıyor ama karmaşıklaşıyor. Daha yoğun, daha derin, daha aklı başında bir hal alıyor. Ama yine de bu bir mutluluk olarak kalıyor. Yaşamın trajik yönünü içine almış olan, onu yadsımaktansa kederini taşımaya göz yummuş, daha incelikli bir mutluluk. Mutluluk, trajik bir fikir mi? Kesinlikle!

Mutsuzluğun ortasında mutluluk

Mutluluk neden her zaman kaygısızlığın ya da bilinçsizliğin yanı başında bulunsun? Neden onu aynı zamanda ona gerek duyduğumuz yerde de bulamayalım? Yaşamın trajik yönünün yanı başında. Tam farkındalık içinde her şeyi kabul etmede, acıları ve tatlılıkları birlikte karşılamada, karmaşık, incelikli, akıl karıştırıcı deneyimlere katlanmada, onları içimizde taşımada tecrübe kazanmaya çalışırız. Yaşamda, gerçek yaşamda olduğu gibi. Düşünü kurduğumuz yaşamda değil, içinde bulunduğumuz, bize kendini dayatan, bizi düşlerimizden uyandıran yaşamda. Onun bize kendini dayatması da aslında daha iyidir çünkü asıl ilginç olan bu yaşamdır.

Mutluluk karşısında da meditasyon, bir kere daha, bizi dünyadan kaçmaya değil, onu kendi gerçekliğimize kabul etmeye yöneltir. Gerçek ise mutlulukla mutsuzluğun çoğu zaman dirsek dirseğe bulunduklarıdır. Işık ve gölge gibi. Kuşkusuz Albert Camus de bu nedenle şöyle yazmıştı: "Artık dileğim mutlu olmak değil, yalnızca farkında olmak." İkisini uzlaştırmayı, farkındalığımızı mutluluğumuzun yerini alması için değil, onu aydınlatması için geliştirmeyi deneyeceğiz. Mutluluğumuzu yoğunlaştırması, onu dünyanın içine dâhil etmesi için. André Comte-Sponville'in "bilgelik" adını verdiği şey de budur: "En fazla zihin açıklığı içinde en fazla mutluluk."

Kaybettikleri yakınlarını hatırladıklarında gülümsemeyi başarabilen ("Onu kaybetmek ne büyük acı ama onu tanımış olmak da ne büyük mutluluk") yas dönemindeki insanların iki yıl geçtikten sonra diğerlerine göre daha iyi durumda olduklarını kanıtlayan güzel bir araştırmayı hatırlıyorum. Çünkü bu kişiler mutluluklarının mutsuzluk içinde boğulmasına izin vermediler. Yaşamın bir bütün olduğunu anlayabildiler. Mutsuzluğunsa geçmiş mutlulukları yok etmediğini ya da bizim elimizden almadığını, yaşamış olduğumuz bu mutlulukların sonsuza dek bize ait olacaklarını... Aynı anda

Üzüntünün içindeyken, durmak ve küçücük mutluluk parçacıklarına razı olmak. Kısacık bile olsalar, onlar da üzgün bile olsa, tamamlanmamış, kusurlu, parça parça bile olsalar.

hem gülümseme hem de ağlama hakkına sahibiz. Çünkü dünyayı kabul ediyor ve onu bütün gücümüzle sevmeye karar veriyoruz.

Tıpkı yüzyıllardır can çekişmekte olan, yakında suların altında kalacak Venedik'i bütün gücümüzle sevdiğimiz gibi.

Tıpkı ölüm kamplarının uğursuz bir öncülü olan Westerbork'a kapatılıp da şunları yazan Etty Hillesum'ı bütün gücümüzle sevdiğimiz gibi: "Yaşam ve ölüm, acı ve sevinç, yaralı ayaklardaki kabarcıklar, evin arkasındaki yasemin, zulümler, sayısız vahşet, hepsi, her şey içimde bulunuyor ve benim bölünmez bir bütünlük olarak kabul ettiğim güçlü bir bütünü oluşturuyor."

Tıpkı neyle suçlandığını bile anlayamadan Sovyet mahkeme salonuna sürüklenen ve idam ya da Sovyet toplama kamplarından birine yollanmayı beklerken yine de dışarıya bakan Yevgenya Ginzburg'u bütün gücümüzle sevdiğimiz gibi: "Pencerelerin ötesinde ulu, karanlık ağaçlar var; yapraklarının gizli ve taze hışırtısını heyecanla dinliyorum. Sanki bunu ilk defa duyuyor gibiyim. Bu yaprak hışırtısı içime nasıl da dokunuyor!"

Tam farkındalığın zirvesi ve insanlığın zirvesi. Oraya ulaşmamız mümkün değil kuşkusuz. Yine de ondan ilham alabiliriz. Üzüntünün içindeyken, durmak ve küçücük mutluluk parçacıklarına razı olmak. Kısacık bile olsalar, onlar da üzgün bile olsa, tamamlanmamış, kusurlu, parça parça bile olsalar. Onlardan anlık ve geçici olanın ötesinde bir avuntu beklememek: Yaşamaya ve düşünmeye yeniden başladığımız anda mutsuzluk belki de eski yerine yerleşecektir. Ancak bir süre sonra yeniden başlayacağız. Sonra bir kere daha, bıkıp usanmadan.

Mutsuzluğumuza, yaşama yani mutluluğa benzeyen her türlü şeyin yanı başında nefes aldırmaya her zaman yeni baştan başlayacağız.

Ders 20

Mutluluk konusunda tam farkındalık bize yalnızca şunu öğretir: Mutluluk mutsuzluktan ayrılmayacağına, yaşam bizi trajik olanla ve düzensizlikle yüz yüze bırakmaktan hiç geri durmayacağına göre, kusursuz ve kalıcı bir mutluluğun düşünü kurmak da boşunadır. Bunun yerine mutluluğun tadına küçük parçalar halinde varmayı öğrenmeliyiz: Bütün dert ve tasalarımıza karşın, onların arasında mutluluğa da bir yer açmalı ve bunun için sorunlarımızın çözülmesini, bütün dert ve tasaların yok olmasını beklememeliyiz (günün birinde bütün sorunlarımızın çözülmüş olduğunu hissetmek diye bir şey yoktur, özellikle de endişeli ya da melankolik bir yapıya sahipsek). Talihsizlikler içindeyken bile küçük mutluluklarımızı korumalıyız. Çünkü onlar en çok talihsizliklerin içindeyken dokunaklı, muhteşem ve vazgeçilmez olurlar.

4.

AÇILIŞLAR VE UYANIŞLAR:

YOLCULUKLARIN EN BÜYÜĞÜ

"Bugün vücudun ruhundan daha gerçektir; yarınsa ruhun vücudundan daha gerçek olacaktır."

GUSTAVE THIBON, *L'Illusion Féconde* (Verimli Yanılsama)

ÇALIŞMAK

Gördüklerimiz aslında yoktur, en azından gördüğümüz şekilde. Tablo, kocaman bir gotik yapının derinliklerini bize daha iyi gösterebilmek için duvarların çıkarılmış olduğu "kesit çizimli" bir mimari plana benziyor. Yapının sırlarını ve iskeletini gözlerimizin önüne sermek için. Bakışımız üç eşmerkezli katmanda geziniyor. Merkezde çalışma masasının başındaki Aziz Jerome bulunuyor. Burada öne çıkarılan azizliği değil, daha çok çevresini saran bütün o kitaplarla bilginliği ve dokunaklı ayrıntılarla da insanlığı: Kürsüye çıkmak için çıkarmış olduğu pabuçları, yanı başında uyuklayan kedisi.

Onun çevresindeki binanın büyük kabuğu bir manastırı andırıyor. Onu dikkatini dağıtabilecek şeylerden koruyan ama yine de yaşamın içine sızabildiği, ağırbaşlı bir yapı bu. Sağ tarafta, manastırın koridorunda gölgenin içinde gezinen

Aziz Jerome Çalışma Odasında, Antonello da Messina (*yaklaşık 1430-yaklaşık 1479*)

Yaklaşık 1475, tahta üzerine yağlı boya, 0,457 x 0,362 m, National Gallery, Londra

aslana dikkat edin. Jerome'un bu yaralı hayvanı iyileştirdiği, aslanın da onun peşine düşerek manastıra kadar geldiği ve burada kendisine sahip çıkıldığı anlatılır.
Üçüncü katmansa dünyaya açılıyor. Tablonun ön kısmında seyirciye doğru, geniş bir revak ve basamaklarında da bir keklikle bir tavus kuşu bulunuyor. Arka tarafta büyük pencerelerin bir kısmının içinden kır manzaraları ve uzaktaki bir şehir görünürken bir kısmı da gökyüzüne ve uçmakta olan kuşlara açılıyor.
İç çalışma ve dış dünya; ikisinin arasında güven verici ama açık bir çerçeve. İşte bu tabloda beni baştan çıkaran da bu, içimden ona bunu söyletmek geliyor, onu amacıma uyacak şekilde okumayı ne kadar çok istiyorum. Aziz Jerome'un karşısında, meditasyonla kendi içine kapanmanın ve dünyaya açılmanın düzenli olarak birbirini izlediği tam farkındalık uygulamasını düşünüyorum. Bir de sabırlı ve düzenli çalışmayı...

"Her şey gereklilikle başlar ve özgürlükle bitmelidir."

MAURICE ZUNDEL, *Vie, Mort, Résurrection* (Yaşam, Ölüm, Diriliş)

Zihnin antrenmanı

Zihnimizin efendisi olduğumuza inanmak yönündeki bu şaşırtıcı eğilim nereden çıkıyor? Ya da farkındalık ve dikkat yeteneğimizin kesinlikle edinilmiş olduğuna, üzerinde çalışmaya gerek bulunmadığına inanmak?

Sanki beynimizin kaslarımızdan farklı olarak antrenmana gereksinimi yokmuş, geliştirilmesi mümkün değilmiş gibi! Oysa bu durumu bedenimiz için kabul ediyoruz: Örneğin fiziksel egzersizin nefesimizi ve kaslarımızı geliştirdiğini, uygun beslenmenin sağlığımıza yaradığını vs. biliyoruz. Aynı şeyin ruhsal yapımız üzerinde de etkili olduğunaysa aynı derecede inanmıyoruz ya da belki bu konuda yeterince bilgi sahibi değiliz, oysa zihnin antrenmanı, yani zihinsel egzersiz de küçümsenmeyecek bir yarar sağlar. Entelektüel düzeyde bu, düşünme ve dikkat toplama yeteneğimizin "kaslarını" güçlendirmemize yarar; duygusal düzeydeyse stres, halsizlik, öfke ve gündelik yaşantının karşımıza çıkardığı her türlü raydan çıkmalara karşı kendiliğinden gelişen eğilimlerimizi engellememize. Ruhsal yeteneklerimizin çoğu çıraklık kurallarına uyarlar, ne kadar çok pratik yaparsak o kadar ilerleriz.

Başımıza kendiliğinden gelen de budur aslında: Ne kadar çok sinirlenirsek sinirlenme konusunda o kadar güçlü oluruz. Karamsar ya da olumsuz davrandıkça hem başkalarının hem de kendi kendimizin cesaretini kırma konusunda uzmanlaşırız. Ne kadar çok strese girersek o kadar büyük bir stres şampiyonu oluruz...

Başka yönlere doğru ilerlemeyi mi istiyoruz? O halde çalışmak zorundayız. Yabancı dil öğrenmek, kayak yapmak ya da bir müzik aleti çalmak için bunun zorunlu

Zihnimizi tasma altında tutmayı ummamız, onun üzerinde mutlak bir kontrol uygulamamız gerekmiyor. Yalnızca bir güç dengesi kurmamız yeterli: Örneğin en çok gerek duyduğumuz anlarda dikkatimizi toplayabilmemiz ya da sakinleşebilmemiz yeter.

olduğunu kabul ediyoruz. Ancak huzur ya da konsantrasyon konularında aynı şeyi kabullenmemiz o kadar kolay olmuyor. Örneğin kimileri şöyle diyorlar: "Niye her gün alıştırma yapayım? Yaşam yetmiyor mu? Kendi niyetlerim ve kararlarım yeterli olmuyor mu?"

Hayır, bütün bunlar yeterli değildir. İçimizde muğlak değişme niyetleri taşıyarak zihnimizi hiçbir zaman doğru şekilde kullanamayız, eskimiş otomatik düşünce ve duygularımızın inleye inleye razı olan kurbanları olmaktan öteye gidemeyiz, sürekli aynı kısa düşünceleri ve aynı kontrol edilemez duyguları üretip dururuz. İşte bu yüzdendir ki tam farkındalık uygulaması, zihnin antrenmanının diğer biçimleri arasında, herkes için özellikle yararlıdır ve zihinlerinin kendi ellerinden kaçtığını, onlara boyun eğmediğini algılayan kişiler için de özellikle gereklidir. Zihnimizi tasma altında tutmayı ummamız, onun üzerinde mutlak bir kontrol uygulamamız gerekmiyor. Yalnızca bir güç dengesi kurmamız yeterli: Örneğin en çok gerek

duyduğumuz anlarda dikkatimizi toplayabilmemiz ya da sakinleşebilmemiz bana çok da aşırı iddialı bir hedef gibi gelmiyor. Peki bunu sıklıkla yapabiliyor muyuz?

Gündelik olarak uygulanan zihin antrenmanı sağlık adına yapılan bir eylemdir, bir çeşit farkındalık jimnastiği gibi.

Aynı zamanda da toplumsal kirlenmelerin temizliği, iç dünyamızın düzenli aralıklarla derlenip toplanmasıdır. Tıpkı "gerçek" temizlikte olduğu gibi, bunu yaparsak dışarıdan belli olmaz: Kendimizi iyi hissetmeye çabucak alışıveririz. Yapmazsak ise belli olur! Daha doğrusu hissedilir. Hiç kuşkusuz tam farkındalık uygulamasına bağlı olan en temel "risk" budur: Ona bağımlı hale geliriz ve bıraktığımız zaman duygusal dengesizlik ve zihnin uçuculuğu usulca geri gelir.

Sonuç olarak zihnin antrenmanı bir çeşit çilecilikti r: Uygulamanın yalınlığı ardında düzenli olmanın zorluğunu gizler. Aynı zamanda da bir sabır okuludur: Anında etki beklemekten her zaman kaçınmak gerekir. Ve alçak gönüllülük: Uygulamanın hiçbir güvencesi yoktur. Bu şekilde heyecanlı başlangıçlardan ve düzenli alıştırmaların ruhsal kırılganlığımızı azalttığı yönündeki duygu ve hatta kimi zaman elle tutulur kanıtlardan sonra gelişme göstermiş olduğumuzdan neredeyse emin oluruz, bu aslında yanlış değildir ama aynı zamanda bu gelişmenin kalıcı ve kesin olduğundan da emin oluruz. İşte doğru olmayan budur: Geriye döneceğimiz kesindir. Uygulayıcının bu şekilde geriye dönmesi kaidedir. Normal ilerleyişin bir parçasıdır: Başarı ve heyecandan sonra gerileme gelir. Öfkenin, iç kararmasının, endişelerin etkisi altında... Bu, küçük düşürücü müdür? Yalnızca meditasyon konusundaki anlık ilerlemenden çok fazla gurur duymuşsan. Eğer bununla gösteriş yapmışsan, uygulamanla her derde devaymış gibi övünmüşsen, yeni kazandığın zen yaklaşımını bir bayrak gibi ortalıkta dalgalandırmışsan daha da fazla... Bu, insanı düş kırıklığına mı uğratır? Yalnızca bundan çok fazla zevk almışsan, gizlice, içten içe olsa bile. Eğlenceli midir? Evet, eğer başından bunun bir gün olacağını kabul etmişsen. Bir de o gün geldiğinde düş kırıklığını sakince karşılamışsan. Tam farkındalık içinde. Bunu biliyordun, kabul etmiştin. Bunun tek bir anlamı var: Alıştırma yapmaya devam et, sürekli ve her zaman.

Alıştırmalar ve uygulama

Alıştırmalar derken tam farkındalık uygulamasını, buna hiç gereksinim duymadığımız zamanlarda yapmayı kastediyorum. Yaşamımız normal olarak akıp giderken, özel bir acı çekmezken. Alıştırmaların üç düzeyi vardır: Resmî uygulamalar, kısa uygulamalar ve bir de yaşamın kendisi ama tam farkındalık içinde...

Resmî uygulamalar uzun ve düzenli olarak yapılan alıştırmalardan oluşur; çıraklığın başlarında gündelik olarak, sonra haftada bir, daha da sonraysa ayda bir. Bunlardan bazılarında bütün bedenimizi gözden geçirmeyi öğreniriz, hissettiklerimizi değiştirmeye çalışmaksızın, yalnızca usul usul ve saygıyla onun farkına varmaya çabalayarak. Tıbbi bir benzetmeyle bunun adına "beden taraması" deriz. Başka uygulamalarda nefes alıp verişimizle bağlantı kurarız ya da seslerle veya düşüncelerimizin hiç durmayan hareketliliğiyle: Buna da düşünce ve seslerin tam farkındalığı diyoruz. Bunlardan daha başkaları da var. Bu alıştırmalara bir ses kaydının yardımıyla tek başımıza da başlayabiliriz, bu sayede yöntemi öğrenebilir, yararlarını ve güçlüklerini tartma fırsatı bulabiliriz. Ancak bir noktada tavsiyelere, soracağımız sorulara yanıt almaya, dolayısıyla da bir tam farkındalık eğitmeni tarafından yönlendirilen seanslara katılmaya gerek duyacağız. Bu eğitmen deyişi burada söz konusu olanın (her ne kadar tam farkındalık ruhsal sorunları olan kişilere öneriliyor olsa bile) bir terapi değil daha çok bir çıraklık olduğunun, insanların daha sonra kişisel olarak kullanacakları bir eğitimler bütünü olduğunun altını çizmektedir.

Kısa (birkaç dakikalık) uygulamalar günde birkaç kere yerine getirilmesi gereken alıştırmalardır. Belirlenmiş anlarda "basit" farkına varmalar şeklinde olabilir, örneğin kimi Budist manastırlarında her saat başı saat çaldığında olduğu gibi. Ya da belki bir doktor için iki randevu arasında, bürosunda çalışan bir kişi için görev değişikliği sırasında, bir bekleyiş anında vesaire. Acı ve keder anlarında da olabilir: Bunları yok saymak ya da onların içimizdeki alışıldık kuruntular döngüsünü tetiklemesine izin vermek yerine onların farkına varmaya çabalar, zihnimizi şimdiki zamanın deneyimi üzerine olabildiğince geniş açarak onları içimizde barındırırız. Örneğin adına bir nefes alanı dediğimiz şey budur: Kendimizi güçlük içinde hissettiğimiz zamanlarda her mümkün olduğunda durur ve içimizdeki hoş olmayan her şeyin orada bulunmasına izin verir, bir yandansa üç dakika boyunca nefes alıp verişimizin farkına varırız. Daha sonra da bu birkaç dakika süresince harekete geçirmiş olduğumuz tam farkındalık zihninden yararlanarak etkinliklerimizi kaldığımız yerden sürdürürüz.

Farkındalık içinde yaşamak

Son olarak, alıştırma alanlarının en genişi: Yaşamın ta kendisi. Bu kitabın başından beri sözünü ettiğimiz üzere tam farkındalıkla yaşamak aslında sadece mümkün olduğunca çok anın içinden zihnimizin gözleri sonuna kadar açıkken geçmek anlamına gelir. Yaptıklarımıza ara vererek, düzenli olarak, birkaç saniyeliğine, birkaç dakikalığına ya da daha uzun süre sözcüksüz olarak ve yoğun biçimde hem içimizde hem de çevremizde olan bitenleri hissetmektir. Bize ait olan varoluşun yaşamımızı oluşturan bütün anları dalgın bir zihinle hızlıca yutması yerine, yavaşça ve sakin sakin çiğneyerek sindirmesidir. Bu görünürde sıradan olan anlarda olabileceği gibi, önemli olaylar sırasında da olabilir. Sıradan: Yemek yemek, yürümek, içmek, çalışmak, gevezelik etmek, beklemek, hiçbir şey yapmamak... Önemli: Törenler (zihnimizin gevezeliklerine ya da oyalanmalara kendimizi kaptırmak yerine tam farkındalık sayesinde önemini kavrayabileceğimiz yıl dönümleri, düğünler, cenazeler...), doğayla ya da güzellikle karşı karşıya geldiğimiz anlar...

Bir kaynak ve bir gözlem noktası

Eğer bu alıştırmaları düzenli olarak yaparsak tam farkındalık acı çekme hallerinde büyük bir iç kaynağa dönüşecektir. Önce bir sığınak olarak: Her türlü kedere karşı şimdiki zamana sığınacak bir yer. Sonra dikkatimiz için bir denge kaynağı: Bize kabullenme, gözlemleme ve sonunda ne yapacağımıza karar verebilme yeteneğimizi yeniden kazandıracaktır.

Ama aynı zamanda da bir gözlem noktası olacaktır: Çok açıkça anlayamadığımız, irademizin yeterli olmadığı, zihnimizdeki huzursuzluk ve düzensizliği denetim altına almayı artık başaramadığımız zamanlarda tam farkındalığın içinden geçmek bize yardımcı olabilir. Rastgele yaşamamamıza, önemli olanın "yanından geçip gitmememize" yardımcı olabilir.

Esenlik için de durum aynıdır: Tam farkındalık, daha önce gördüğümüz şekilde esenliğin mutluluğa dönüşmesi için de bir kaynaktır. Mutluluk anları karşısında zihin açıklığımızı artırmamıza yardımcı olmak için, onu kendi içimizde daha derinlere yerleştirmemize, mutlulukların gelip geçerlerken etimizin içine girmelerini sağlamamıza yardımcı olması için tam farkındalığı kullanabiliriz. Bir de onları oldukları gibi görmemize, önemlerini anlamamıza, kalıcı olmadıklarını görmemize yardımcı olması için. Tam farkındalık bu geçicilik için üzülmek ya da onlardan uzaklaşmak yerine onları daha da çok sevmemizi, güzelliklerinin farkına varmamızı sağlayabilir. Bize mutluluk anlarımızın sıkıca tutunup bir köşede biriktireceğimiz altın külçelerine değil, koklayıp terk edeceğimiz çiçeklere benzediğini anlamamızda yardımcı olabilir. Tıpkı yaşamlarımız gibi geçici, muhteşem ve narin çiçeklere. Kısacası yaşamamızın ve her an canlı olduğumuzun, bunun da ne kadar harika bir şey olduğunun farkına varmamıza yardımcı olur.

Ders 21

Meditasyonda deneyim kazanmış insanların önerisi her günü birkaç tam farkındalık anıyla başlatıp bitirmektir: sabah gözlerimizi açtığımızda ve gece onları kapamadan önce şimdiki zamanın deneyimine (bedenimiz, nefesimizin, düşüncelerimizin gevezeliği, duygularımızın akışı...) dikkat etmek. Ayrıca bu günlerin içinden geçerken düzenli olarak tam farkındalık alanları yaratmak (bekleme anlarında ya da iki etkinlik arasındaki geçişler sırasında). Son olaraksa, daha ileriye gitmeyi istersek her hafta yarım saat ya da bir saat boyunca derin bir uygulamada bulunmak; bunu bir grup halinde ve deneyimli bir eğitmenle birlikte yapmak daha kolay olacaktır.

SEYRE DALMAK

Tırmanmakla geçen bir günün ardından yolcu en tepeye varmış.

Bu sabah çok erkenden çıkmış yola, şafaktan bile önce. Uzun yürüyüşü boyunca hafif bir zihinle ilerlemiş: Ayakkabılarının çıkardığı ses, kalp atışlarıyla nefesinin ritmi, adımlarının düzenli biçimde birbirini izleyişi, bastonunun kayanın üzerinde çıkardığı madenî gürültü, bütün bunlar zihnini dingin bir duyusallıkla dolduruyormuş. Kimi zamansa aklına kendisini bekleyen zorluklarla ilgili düşünceler geliyormuş. O zaman, farkındalığını şimdiki zamana daha da geniş açıyormuş: yürüyüşe, gürültülere ama aynı zamanda şafağın ilk renklerine de. Düşünceler yok oluyor, sonra yeniden beliriyor, ardından yine kayboluyorlarmış; rüzgârda savrulan kuş tüylerinden ya da dağın yamaçlarındaki sislerden daha tutarlı değillermiş. Şimdi artık zirvede. İlk önce zaferinin tadını çıkardı: "Var-

Bulutların Üzerinde Yolculuk,

Caspar David Friedrich (1774-1840)

Yaklaşık 1818, tuval üzerine yağlı boya, 0,948 x 0,748 m, Kunsthalle, Hamburg

dım, başardım!" İnsan her zaman zaferlerinin tadını çıkarmalıdır. Başarının çevresinde kol gezen çocuksu ruh hallerinden, gururdan, kibirden, memnuniyetten daha çabuk kurtulabilmek için: Onları tamamen sahiplenmeli ve bu hem tatlı hem de biraz baş döndürücü nektarın içimize yayılmasına izin vermeli. Sonra da daha yararlı olan başka şeylere geçmeli. Bütün bunların ötesine. Dağın bizi ele geçirmesine, bizi karşılayıp önümüze konukseverliğini seren bu evrenin içimizi işgal etmesine göz yummak. Farkındalığımızı karşımızdaki her şeye, harikulade ufka, havanın temizliğine, zirvelerde gezinen sessizliğe, rüzgârın uğultusuna açmak.

İçine çektiği her nefesle yolcu sanki bütün dağı içine almakta olduğunu hisseder. Dışarı verdiği her nefesin içindeyse bedeni ve ruhu birbirine karışır gibi olur. Kendini sonsuz derecede iyi hisseder. Tamamen, kesinlikle yerli yerinde.

"Hedefine ulaşan kişi başka
her şeyi kaçırmıştır."

ZEN ÖZDEYİŞİ

Bağlanma ve kopuş

Tam farkındalık bizim için önemli olan eylemlere bağlanmamıza yardımcı olur. Sonra da bu eylemlerin sonuçlarının bizi kendilerine köle etmemesi için onlardan kopmamıza yardım eder.

Yunan dilinin *telos* ile *skopos*, yani son ile hedef arasında yaptığı ayırım budur. Bir okçunun alıştırma yaparken okunu fırlatması *telos*, hedefe ulaşması ise *skopos* olur. Benim elimde olan, bana bağlı olan şey *telos*'tur. *Skopos* ise başka etkenlere bağlıdır: Bir rüzgâr esişi okun yönünü değiştirebilir, ani bir gürültü son anda beni kıpırdatabilir.

Aynı şekilde tam farkındalık uygulaması da benim düzenli olarak sessizlik içinde, gözlerim kapalı oturmamı ve kendimi deneyimimi kabul etmeye, onu gözlemlemeye adamamı gerektirir. Buna karşılık oturuşumun sonucunun günden güne büyük ölçüde çeşitlilik gösterebileceğini de kabul etmem gerekir. Tek bir kesinlik vardır: Ne kadar sık ve ne kadar uzun süre oturursam, hedefime de o kadar sık varırım.

Eyleme tam farkındalıkla, bu şekilde bağlanmak her günkü yaşamın içinden geçerken bize mutlak olanla yüzleşme fırsatı verir. Bizi aşan bir mutlaklığın yavaş ve sabırlı bir yürüyüşle yaklaşması gibi önce ona bağlanma sonra da ondan kopma. Ancak bu bağlanma ve sonra ondan kopma işlemi o kadar kolay değildir.

Başlangıçta, bir şeyden kopma üzerinde çalışırken rol yaparız. Aslında ondan kopmamışızdır. Yalnızca kendimizi acı çekmekten korumayı istediğimiz için başarısızlıkların, terk edilmelerin, gündelik eziyetlerin acısını duymayalım diye kopuşu yardıma çağırırız. Oysa başarıların, kutlamaların, zaferlerin karşısında kopup uzaklaşmakla o kadar da fazla ilgilenmeyiz! Bu yüzden de kurnazlık eder, hile yaparız. Sahte tevazu, sahte kayıtsızlık, sahte mesafe: Oysa içimizden gizli gizli yalanır, şişiniriz. Ancak, eğer kendimizi zorlayacak olursak, düzenli olarak pratik yapar, her başarıdan sonra kendimizi kutlamanın heyecanına kapılmak yerine oturup içimizin yatışmasını beklersek, her başarısızlığın ardından da kendimizi kırbaçlamaktansa yine aynı şeyi yaparsak yavaş yavaş içimizde tuhaf bir şeyler olacaktır. Eylemlerin köpüğü bizi eskisi kadar sarsmayacaktır. Bunun ötesinde, daha yararlı şeyler olduğunu algılamaya başlarız. Bu, dağın zirvesine benzemeye başlayacaktır...

Tam farkındalık, ruhanilik ve gizemcilik

Ruhani yaşam dinî uygulamaların dışında da mümkün olabilir. Ruhanilik ruhsal yaşamımızın en yüksek bölümüdür ve bizi aşan mutlakla orada yüzleşiriz. Egomuzun ötesine geçen, her şeye ve dolayısıyla bilinmeyene de açık olan yer burasıdır; aksi takdirde yalnızca bilinene, mantıklı olana, kabul edilebilir olana, öngörülebilir olana açık olmak fazla kolay olurdu. Ruhanilik bizi aşan şeylerden kaçmak değil, tam aksine tam farkındalıkla onların karşısına çıkmaktır. Bizi aşan şeyler neler mi? Adları sonsuzluk, ebediyet ve mutlak olan üç şaşkınlık verici, yüce kavram...

Ruhanilik az önce adını andığımız o çifte hareketi, bağlanma ve kopuşu mutlak sayar. Her şeyi bırakacağımız, çaba ve hedeflerimizin bütün yüklerinden kurtulacağımız noktaya varıncaya dek alıştırma yapmalı ve

ilerlemeliyiz. Sonra da kendimizi seyre dalmaya adamalıyız. Katolik inancında seyre dalmanın anlamı "uzun süre ve hayranlıkla bakmak"tır. Bu yaklaşım "yüreğin huzuru ve temizliği"ni önkoşul olarak görür. Bunun din dışına tercümesi: sakinlik ve yargılamamak, yani tam farkındalık.

Filozof André Comte-Sponville'e göre, seyre dalma yaklaşımı insanı gizemcilik uygulamasına götürür: "Gizemci kişi, gerçekliğe tam cepheden bakabilen kişidir: O artık gerçek olandan ne konuşma (adına sessizlik dediğim şey) ne eksiklik (adına bolluk dediğim şey) ne zaman (adına ebediyet dediğim şey) ne de bizzat kendisi (adına sadelik dediğim şey, Budistlerin *anatta*'sı) yoluyla ayrılmıştır. Artık Tanrı bile onun için bir eksiklik değildir: Mutlak olanın deneyimini şimdi ve burada yaşar."

Tam farkındalık bu anlamda apaçık bir laik gizemcidir: açıklama ve sözcüklerin ötesinde, hiçbir şey yapmayı istememeye hazırlandığımız bir mutlaklığın ve bir aydınlanmanın arayışı. Çünkü onun bizi ele geçirmesine, sularıyla bizi ıslatıp yıkamasına izin vermekten başka yapılacak hiçbir şey yoktur. Bu da kimi zaman bizi hafif, sakin, dilsiz bir çeşit kendinden geçmeye götürür. Kimi zaman. Kimi zaman da götürmez...

Esriklik, kendine dönme ve lütuf anları

Esrime kişinin kendinden çıkarak daha geniş olan başka bir şeyle bütünleşmesidir: İlahi ya da kimi zaman tensel bir vahiy, alışık olduğumuzdan başka bir dünyaya, başka bir farkındalık durumuna geçiştir. Aşkınlığa ve mutlağa bir düşüş, bir sıçrama ya da bir uğramadır, çünkü genel olarak oradan geri dönülür.

Kendine dönme ise insanın kendi içine düşmesi ve her şeyin aslında orada olduğunu keşfetmesidir. İçimizde yükselen şefkat, orada yetişmesine izin verdiğimiz sakinliktir. Huzurun birdenbire bir yanardağ gibi patlamasıdır. Kendi yarattığımız bu dinginliği hissetmek her zaman altüst edici olur. Kendine dönmenin yarattığı bu esrik sakinliğin bizi dünyadan ayırmak yerine ona nasıl da bağladığını saptamak altüst edicidir. O zaman, çevremizdeki her şeyi sürekli olarak dönüştürmeye çalışmak yerine kendimizi bu dönüşüme bırakırız.

Bu çoğu zaman hiç beklemediğimiz bir sırada ortaya çıkıveren lütuf anlarında olur. Lütuf anları, ancak tam farkındalığın ve gerçek olanın içinde tam bir mevcudiyetten fışkırabilir, tıpkı şair Christian Bobin'in anlattığı şu anda olduğu gibi: "Bahçede kırmızı bir elmayı soyuyordum ki bir anda yaşamın bana sürekli olarak çözülmesi kesinlikle mümkün olmayacak bir dizi sorundan başka hiçbir şey sunmayacağını anladım. Bu düşünceyle birlikte yüreğime derin bir huzur okyanusu doldu."

Dağlara tırmanmaya gerek yok, bir elma yetiyor.

Ders 22

Tam farkındalık bize dünyayla bağlarımızı koparmamızı, bir inzivaya çekilmemizi veya her şeye karşı mesafeli bir bilge duruşu benimsememizi önermez. Bizi yalnızca yaşamımızın tadını daha iyi çıkarmaya, seçimler yapmaya, amaçların peşinden koşmaya iter ama kendimizi onlarla karıştırmadan, başarı ya da kusursuzluğa aşırı derecede tutunmadan. Bir şeye yüzeyde bağlı ama aynı zamanda derinde ondan kopuk olmak mümkün müdür? Burada önemli olan bütün farkındalık ve mevcudiyetimizle elimizden geleni yapmak ama bizim elimizde olan çabamızı, bizim elimizde olmayan sonuca köle etmemektir. Kendimizi ya da daha kötüsü başkalarını aşmaktan ziyade bizi asıl ilgilendiren tamamlanma olacaktır: Yaşamımızı zaferler ve bozgunlara göre değerlendirmek yerine bizi geliştiren deneyimlerden ibaret olarak düşünmek..

SEVMEK

Simeon uzun zaman önce anlamış: Bu çocuk Mesih ve buradaki her şeyi altüst edecek. Simeon bunu biliyor, ayrıca bunun İsa için sonsuz acıları birlikte getirmesinin kaçınılmaz olduğunu da biliyor. Tabii ki annesi için de öyle. Bunu Meryem'e söyleyecek: "Senin kalbine de âdeta bir kılıç saplanacak!" Simeon, İsa'nın yeryüzüne sevginin devrimini getirmiş olduğunu hissetmiş. Ondan önce hiç kimse bunu böyle iddia etmemiş, bildirmemişti: Tanrı sevgidir ve Tanrı, sevginin hüküm sürmesini ister. Paylaşmaksızın. Eskinin tanrıları insan zihinlerine yalnızca güç ve korku yoluyla hükmediyorlardı. İsa ise sonsuz merhamete sahip bir Tanrı'yı ve onun krallığını duyuruyor. Sevginin mutlak önceliği yönündeki bu ileti Batı dünyasını değiştirecektir. Bu sırada Doğu'da ise Buda'nın iletisi merhametin öneminden ve bütün insanların çektikleri acıların azaltılmasının yollarından söz etmektedir.

Simeon Tapınakta, Rembrandt Harmensz Van Rijn, (*1606-1669*)

1669, tuval üzerine yağlı boya, 0,985 x 0,795 m, Ulusal Müze, Stockholm

Bu yüzden, Simeon halka tanıtmak için İsa'yı kollarına aldığında içinde onu öpmek, ona sarılmak için müthiş bir istek duyuyor; yanında getirdiği her şeyden dolayı ona teşekkür etmek ve kendisini bekleyen her türlü acının karşısında onu avutmak için. Ama bunu yapmıyor, hemen değil: Ona çıplak ellerle değil, Yahudilerin dua şalıyla dokunması gerekiyor. Bu şal Katolik kutsama törenlerinde rahibin temsilî İsa'yı kadehin içinde elden ele dolaştırırken kullandığı omuz örtüsüyle temsil edilir. Uzun süre beklemiş olduğu Mesih'i sonunda görebilmek onu derinden duygulandırmıştır ve akşam dualarında söylenen *Nunc dimittis*'i tekrarlar: "Ey Rabbim, verdiğin sözü tuttun; artık ben, kulun, huzur içinde ölebilirim." Simeon artık sakince ölebilir. Nasıl olsa bundan sonra sevgi yayılacaktır.

"Ne bir şey düşünecek, ne bir laf edeceğim.
Ama sonsuz bir sevgi dolduracak içimi..."

ARTHUR RIMBAUD, *Duyum**

* Çeviren: Orhan Veli Kanık. (yay. n.)

İnsan şefkatinin sütü

Bu deyim Shakespeare'e aittir, *Macbeth*'te geçer. İskoçya Kralı Duncan'ı öldürmesi için ikna etmeye çalıştığı kocasında bu insanlık belirtisini görünce üzülen Lady Macbeth tarafından dile getirilir: "Doğandan çekiniyorum, en kestirme yolu tutmayacak kadar insan şefkatinin sütüyle dolu çünkü." Bu "insan şefkatinin sütü" onun ağzından bir sitem, bir suçlama gibi çıkar. Bu süt cinayete engel olamayacaktır gerçi ama Macbeth'te suçluluk duygusunun uyanmasına, karısınınsa çıldırmasına yol açacaktır. Bu deyiş bize sevgi ve bağlılık yaratıkları olduğumuzu hatırlatır. Şefkatli besinler olmadıkça tehlikedeyizdir, büyüyemez, gelişemeyiz. Sevgisiz düzgün yaşayamayız: Kaskatı kesilir, çılgınlığa ya da hastalıklara gömülürüz.

Yaşam bize insanlığımızın bu boyutunu unutturabilir ya da ihmal ettirebilir. Tam farkındalık uygulaması bize bununla çok düzenli biçimde temas kurmamızı önerir. Kendi acılarımızı da başka insanlarınkini de azaltmak için. Onun müthiş gücünü daha iyi anlamak ve daha sık kullanmak için.

Çevrem beni sevmiş, bana yardım etmiş, gülümsemiş, bir şeyler vermiş olan insanlarla dolu. Üstelik bunu yapmaya devam ediyorlar ve yarın da devam edecekler. Bu borcun farkında olmak ve bundan zevk almak, onu dile getirmek minnettarlıktır. Onu fiziksel olarak bile hissedinceye dek düzenli olarak farkındalığıma taşımalıyım: Bunlar minnettarlık meditasyonlarıdır. Özünde minnettarlığın üç süreci vardır: Önemini kabul etmek; bir an durarak onu düşünmekten fazlasını yapmak, yalnızca bir düşünce olarak kalmayıp bir duygu gibi bedenimizde yayılmasına izin vermek; sonra da elbette ki bizi sevmiş ve bize yardım etmiş olan kişilere bunu dile getirmek. Düşünce, duygu, davranış...

Daha da geniş olarak, sevginin çok büyük ve mutlak öneminin farkına varmak en önemli şeylerden biridir: Bütün biçimleri altında (özgecilik, şefkat, nezaket, cömertlik, merhamet, yardımseverlik...). Bu sevgi üzerinde meditasyon yapmak önemlidir, onu gündelik olarak eyleme geçirmek de öyle. Eylem haline dönüşmüş bu insan sevgisine Hıristiyanlar hayırseverlik, Budistlerse özgeci sevgi diyorlar. Ancak elbette ki yöntem aynı: yakınımızdakilere duyduğumuz sevgiyi anlamak, içimizde yaşatmak ve uygulamak.

Meditasyonlar ve sevgi bağları

Bu yaklaşımları fazlaca incelemiş olan Budist öğretisi, özgeci sevgi üzerinde çalışmayı genel olarak dört meditasyon uygulaması aracılığıyla ele alır ve elbette ki bunları eyleme geçişe hazırlık anları olarak anlamak gerekir.

İlk önce, sevdiğimiz kişileri düşünmek ve onları gerçekten, şimdi ve burada sevmekten ibaret olan hayırsever sevginin meditasyonları vardır. Burada söz konusu olan sırf onlara sevgimizi söylemek değil, onlara karşı hissettiğimiz sevginin (ya da sempatinin veya şefkatin) içimizde büyümesine ve kendini fiziksel olarak dışarıya vurmasına izin vermektir. Bu biraz bir çocuğu uyurken izlediğinizde ya da sevdiğiniz birini onun haberi olmadan gözetlediğinizde hissettiğiniz duyguya benzer: Yalnızca düşünceleriniz değil, bütün bedeniniz sevgiye

Bizden istenen şey yalnızca merhamet düşünceleri ya da merhamet niyetleri taşımakla yetinmemiz değil, gerçekten merhamet duyguları yaşamamızdır.

katılır. Bu meditasyonlar sırasında bu sevgiye farkındalığımızın içinde mümkün olan en büyük yeri vermeye çalışırız. Bedenimizi de bu sevginin en duyarlı ses kutusu haline getirmeye çabalarız.

Daha sonra merhamet meditasyonları gelir, bunlarsa zihnimizi yakınlarımızın hissettikleri (ya da hissetmiş olabilecekleri) acılara doğru yönlendirmeyi içerir. Onların farkındalığını kabul eder, hatta onları kendi içimizde barındırırız. Bütün yüreğimizle de onların azalmasını ya da yok olmasını dileriz. Burada da bu dileğimiz yalnızca hızlı ve yüzeysel bir düşünce olmanın ötesine geçmek, bütün varlığımızla hissedilmek, duyulmak zorundadır. Bizden istenen şey yalnızca merhamet düşünceleri ya da merhamet niyetleri taşımakla yetinmemiz değil, gerçekten merhamet duyguları yaşamamızdır. Bir kimsenin acı çektiğini, hastalığını ya da öldüğünü öğrendiğimizde ne yaparız? Hiç olmazsa birkaç dakikalığına durur muyuz? Bu kişinin görüntüsünün içimize yerleşmesine yetecek kadar zaman ayırır mıyız? Şefkat ve merhamet düşüncelerimizin içimizdeki bütün alanı kaplamasına yetecek kadar zaman? Bunu düzenli olarak uygulamak merhamet meditasyonudur.

Özgeci mutluluk meditasyonlarına gelince, bunlar da başkasının mutluluğundan içtenlikle zevk almak alışkanlığını yavaş yavaş kazanmayı hedefler. Başkaları için iyi olan şeylerin karşısında özgeci bir sevinç duymak. Kendi çocuklarımız olmasalar bile çocukların gülüp oynadıklarını görmekten, öpüşen âşıkları, aralarında konuşan ya da yardımlaşan insanları görmekten zevk almaktır. Yalnızca bunlar mı var peki? Bunların yanında şiddet ve acımasızlıklar da yok mu? İşte özgeci mutluluk meditasyonları tam da bunu, bütün bu şiddet ve acımasızlıkların karşısında bir de nezaketin, mutluluğun ve sevginin bulunduğunu unutmamamıza yardımcı olur. Bunu biliriz gerçi ama tam farkındalıkla hissetmemiz bu inancımıza daha fazla güç kazandıracaktır.

Son olarak, ılımlılık meditasyonlarıysa bize bütün insanların, bizden uzakta olan, hiç tanımadığımız kişilerin ve hatta itici bulduğumuz, bize zarar vermiş olabilecek kişilerin bile iyiliğini isteyebilecek güçte olmamızı öğütler. Onlar için de iyilikseverlik, merhamet ve mutlulukları karşısında özgeci sevinç hissedebilmek için çalışmamızı. Bu meditasyonların altında yatan sezgi ve inanç, sorunsal davranışların çoğunluğunun kaynağında acının bulunuyor oluşudur. Eğer bir insan mutluysa daha az acı çeker ve başkalarına da daha az acı çektirecektir.

İçimizde hangi tohumları büyütmeyi istiyoruz?

Kayıtsızlığın, haset ve kıskançlığın, bencilliğin, kindarlığın ustaları haline gelebiliriz: Bunun için bu duygular içimizde kendilerini gösterdiklerinde hiçbir çaba harcamamak yeterlidir. Meydanı olduğu gibi onlara bırakmak.

Bütün farkındalığımızı tek başlarına doldurmalarına izin vermek. O zaman onların geri geleceklerinden ve her seferinde daha güçlenmiş, daha fazla mevcut olacaklarından emin olabiliriz. Onları başıboş bırakmak sakinleşmelerine yaramaz, zihnimizde daha derine kök salmalarına yol açar. Dengemizi sarsan duygular konusunda katarsis, yani içini boşaltma, hiçbir işe yaramaz.

Ancak özgeciliğin, iyilikseverliğin, merhametin, ılımlılığın ustası olmamız da mümkündür, eğer bütün bu hisler için içimizde düzenli olarak ve derinlemesine yer açarsak. Artık bu konuda söylenecek daha fazla bir şey kalmadı.

Ders 23

Tam farkındalık iyi niyetlerimizi somutlaştırır. Yakınlarımıza ve daha az yakın olduğumuz kişilere karşı hissettiğimiz şefkati, onları hareket ve sözlerle dile getirdikçe ediniriz. Ancak bunlar iç dünyamızda gizliden gizliye de kendilerini tamamlayabilirler. Sevgiyi, sempatiyi, minnettarlığı ve yaşamın normal olarak hissetmemize izin verdiği her türlü şefkat duygusunu hissedebilmek için düzenli olarak zaman ayırmak gerekir. Muğlak niyetler ("Bunu ona söylesem") değil, aceleci ve telaşlı düşünceler ("Şanslıyım ki beni seviyorlar") değil, uzun, tekrarlanan ve bedenimizin içine kök salmış meditasyonlar. Bu her şeyi değiştirecektir.

BENLİĞİNİN GENİŞLEMESİNİ VE YOK OLUŞUNU DENEYİMLEMEK

Burada ne oluyor? Masanın altına gizlenmiş bu sol el ne yapıyor? Üzerindeki küçük kraterlerle bu çakıl taşı nereden çıkmış? Aydan mı düşmüş? Peki ya sağ el neden böyle tuhaf bir konumda, bir örümcek gibi, ne olduğu belli olmayan bir hareketin ortasında kalmışçasına duruyor? Hem sonra, şık giyimli bu adamın başı birdenbire ışıldayan bir zihin güneşi gibi sarı ışıktan bir topun içinde kaybolup gitmiş… Rembrandt'ın kitabın en başındaki tablosunu hatırlıyor musunuz? Bu ışık da sanki orada meditasyon yapan filozofun penceresine çarpan ışığı andırıyor gibi…

Bir kayboluşun portresi bu. Ya da bir parçalanışın. Takım elbise (ciddi yaşam) biraz sonra içindeki özü yitirecek. Ve

Zevk İlkesi, René Magritte (*1898-1967*)

1937, tuval üzerine yağlı boya, 0,79 x 0,635 m, Edward James Vakfı, Sussex

bir güneş (gizemli yaşam) gibi kaynayan zihin maddi vücudu aşıp onu terk edecek. Zihnin tutuşmasının portresi bu. Birazdan tuvalin üzerinde hiç ışık kalmayacak. Arkasındansa hiçbir şey.

"Dağınık ve puslu yaşamım bir kış sabahı
otların ve samanların üzerinde birer mücevher
gibi parıldayan çiğle kaplı yaprak ve iğnelere
benzemeye başlıyor... Adına genel olarak
yoksulluk denen basitlik yoluyla yaşamım derlenip
toparlanıyor ve eskisi gibi şekilsiz bir kütle
evrenine dönüşüyor."

HENRY DAVID THOREAU, *Journal of Henry David Thoreau*
(Henry David Thoreau'nun Günlükleri, Şubat 1857)

Genişleme

Tam farkındalık kendimizin yayılması gibidir. Çevremizde bulunan her şeyi içimize çeker, onların içine işler ve onlara dönüşürüz. Her şeyi içine alacak şekilde genişleyen bir çember gibi. Bu evrenin merkezinde biz varızdır. Ancak bu, sınırlı bir evren değildir, sınırları tamamen gözeneklidir...

Oysa biz seansa daralmış, kasılmış, kendi düşüncelerimizin, kızgınlıklarımızın ya da kahırlarımızın üzerine büzüşmüş olarak başlamıştık. O zaman durduk, oturup gözlerimizi yumduk. Ama bitmedi: Kulak çınlamaları, huzursuzluk, kafa karışıklığı, düzensizlik, dağınıklık. Bütün bunlar neden? Durayım mı? Hayır, devam ediyorum. Devam ediyorum ama hiçbir şeye dokunmuyorum, deneyimime hiç el sürmüyorum, hiçbir şeye engel olmuyorum, hiçbir şeyi çıkarıp atmıyorum, burada olan her şeyin belki de, mutlaka, burada olmak için iyi bir nedeni vardır. Yalnızca açıyorum, genişletiyorum, davet ediyorum, farkındalığıma yeni konuklar çağırıyorum; bu kargaşayla baş başa kalmamalıyım ama onun burada bulunmasına da izin vermeliyim. Nefes alıp veriyorum, soluğumun farkına varıyorum.

Çevremde sesler var: Farkındalık. Bedenimin bütün parçalarının farkındalığı. Kıskacın açılmaya başladığını hissediyorum. Hatta gözlerimi açabileceğimi ve duvarı, nesneleri, gökyüzünü seyredebileceğimi seziyorum. Olup biten her şeyi içime çekebileceğimi. Kargaşa, huzursuzluk ve hoş olmayan hisler hâlâ buradalar, onların yarattıkları dış sıkıntılar da öyle. Ancak şimdi artık daha küçük görünüyorlar. Daha önemsiz. Çevremde bulunan her şeyi yutmaya devam ediyorum. Gargantua gibi, Pantagruel gibi, ruhsal bir dev gibi dünyayı ve gerçeği yavaşça yutuyorum. Yuttukça kendimi daha huzurlu hissediyorum. Ancak bir süre sonra aklıma bir soru düşüyor: Kim kimi yutuyor?

Çözünme

Tam farkındalık içinde çoğu zaman kendimizle dış dünya arasındaki sınırların ortadan kalktığı hissine kapılırız. Kendimizle çevremizin birleştiği izlenimine. Çevremizin içimize yayıldığı izlenimine. Ürkütücü mü? Tam tersine hoş ve güven verici: Egomuzun üzerine kapanmanın sonuç olarak ne kadar kötü bir çözüm yolu olduğunu keşfetmemizi sağlıyor.

Hatırlayacağınız üzere, Budizm'in kendine özgü, imgesel ve şiirsel diliyle "nüfuz edici görüş"ten söz ettiğini, bunun olayların gerçek doğasına ve en çok da boş oluşlarına erişmemize yardımcı olduğunu anlatmıştık. Aslında bizler gökkuşağı gibiyizdir. Var olur, çözünür, yeniden oluruz...

Sainte-Anne Hastanesi'nde, güzel havalarda meditasyon seanslarını bahçede yaptığımız zamanlarda bunu sık sık hissederim: otların üzerinde çıplak ayak, duvarların ötesinden kulağımıza uzaktan uzağa gelen Paris uğultuları arasında, içinde sınırlarımızı bile ayırt edemeden yüzdüğümüz bir duyusallık havuzunun içindeyken. Genişleme. Çok yoğun ama egodan uzak bir mevcudiyet. Ölmeye gerek kalmadan içimizden dışarı çıkmışız gibi. Kendimizi ölü değil, son derecede canlı hissederiz. Kaybolduğumuz hissine değil, tam aksine çevremizdeki her

“Her şeyi terk et, tanıdığın herkesi terk et, terk et, terk et, terk et. Hiçbir şeysiz kalmaktan da korkma çünkü sonunda seni destekleyen hiçbir şey yoktur...”

yere yayıldığımız duygusuna kapılırız. Mevcudiyetimiz apaçık bir gerçeğe dönüşür. Etty Hillesum'ın yazdığı gibi kendimizi “boy veren buğday ya da yağan yağmur gibi” hissederiz.

Özgürleşme

O zaman var olmama derecesinde hafifleriz. Ama hayır, bu tam olarak böyle değildir. Var olmamaya doğru bir hareket değildir bu, bizim elimizden kaçan bir aidiyete doğrudur.

Hıristiyan ilahiyatçısı Teilhard de Chardin'in *noosfer* kavramını düşünüyorum. Tıpkı hava tabakası için atmosferden, mineral gezegenimizi çevreleyen bitki ve hayvan yaşamının tabakası için biyosferden söz ettiğimiz gibi, bütün insan düşüncelerini içine alan gözle görülmez, elle tutulmaz ama yine de gerçek olan tabakayı ifade etmek için de noosferden söz edebiliriz. Bu tabaka, bireysel zekâlarımızın baş döndürücü bir birleşimini, bir çeşit *dışzekâ*'yı oluşturur.

Sal ve yolculuk mecazını düşünüyorum: Nehri, gölü, okyanusu aştıktan sonra bizim için o kadar yararlı olmuş olan sal gereksiz hale gelir ve yola yeni ayak bastığımız karada devam edebilmemizi zorlaştıracak bir yüke dönüşür. Onu bırakmamız gerekir. Pişmanlık duymadan, asıl olan bizimle kalacaktır çünkü.

Bir bilgenin şu sözlerini düşünüyorum: "Her şeyi terk et, tanıdığın herkesi terk et, terk et, terk et, terk et. Hiçbir şeysiz kalmaktan da korkma çünkü sonunda seni destekleyen hiçbir şey yoktur..."

Simone Weil'ın şu satırlarını düşünüyorum: "Bir insanın ruhu bütün evreni vücut olarak alsın. Evrenin kendisiyle özdeşleşsin." Ebediyetle ölümsüzlük arasındaki farkı düşünüyorum. Ölümsüzlüğün bizim için var olamayacağını biliyoruz. Ancak şimdiki zamanın içinde dolu dolu yaşadığımızda kendimizi orada, ebediyette hissederiz. Ebediyet vardır ve biz de onu hissediyoruzdur.

Ders 24

Tam farkındalık, gereksiz sınırları ortadan kaldırır. Bizi dünyanın geri kalanından ayıranlar gibi. Her zaman yok olmaktan, çözünmekten korkarız. Ama eğer bunu onlarca kez yapmışsak korkumuz daha az olacaktır. Tam farkındalık içinde meditasyon yapmak dünyayla öyle güçlü bir şekilde temas kurmaktır ki kendimizle dışarısı arasındaki ayırımlar saçma, gereksiz ve ağırlık yapar hale gelir. Tıpkı dalganın birazdan okyanusun içinde çözünecek olması gibi, geldiğimiz yere geri dönmeye usulca hazırlanırız. Artık hiç sınır kalmamıştır. Yalnızca bağlar vardır.

HAVALANMA

EVRENSEL FARKINDALIK

"Elveda ve unutma: inanç
Tanrı'dan daha güzeldir."

CLAUDE NOUGARO, *Plume d'Ange* (Melek Tüyü)

Haarlem Yakınlarında, Kırda Ağartma Tarlaları

Jacob van Ruisdael (yaklaşık 1628-1682)

Yaklaşık 1670, tuval üzerine yağlı boya, 0,625 x 0,552 m, Kunsthaus, Zürih

Oradaydım.
Jacob Van Ruysdael, 1670 yılının sonbaharında sen bu tabloyu çizerken ben de oradaydım. Seninle birlikte Het Kopje tepesinin üzerinde, Bloemendaal yakınlarındaki kumullarda, Haarlem'in kuzeybatısındaydım. Oradaydım ve tıpkı senin gibi kendini bize bir gösteri, bir senfoni gibi sunan şahane gökyüzünden ben de büyülenmiştim. Ben senin fırçanın tüylerinde, bulutlardaki su damlalarında, rüzgârın esişinde, aşağılardaki tarlalarda ağarmakta olan keten şeritlerin liflerindeydim. Senin soluğunda, piponun dumanında, çevrende dönüp durarak seni rahatsız eden sineğin içindeydim, o sineği hatırlıyor musun?
Buradayım.
Bu kitabın, bu kâğıdın, bu basılı sayfaların içindeyim. Buradayım, zihninden geçen düşüncelerin içinde biraz da ben varım, bunu sen de biliyorsun. Sen de buradasın, beni okuduğun şu anda, zihnimin içindesin. Başını kaldırıp ya da pencerene gidip de yukarı baktığında göreceğin gökyüzü benim de bakacağım gökyüzü olacak. Aynı havayı soluyacağız. Aynı gezegendeyiz. Bu gece ya da bir sonrakinde başlarımızın üzerinde aynı yıldızlar olacak. Aynı evren.
Bütün bunların farkına var.
Farkında ol.
Şimdi.
Ve
Daima.

BİRKAÇ YARARLI KİTAP

TAM FARKINDALIK MEDİTASYONU HAKKINDA DAHA FAZLASINI ÖĞRENMEK İÇİN

ŞİİRSEL

- Kabat-Zinn J., *Neredeysen Orada Ol-Şimdide Kalmanın Yolları*, İstanbul, 2009.
- Kabat-Zinn J., *Coming to Our Senses: Healing Ourselves and the World Through Mindfulness* (Hislerimize Geri Dönmek: Kendimizi ve Dünyayı Farkındalık Yoluyla İyileştirmek), New York, 2006.
- Kabat-Zinn J., *Arriving at Your Own Door: 108 Lessons in Mindfulness* (Kendi Kapına Ulaşmak: Farkındalık İçin 108 Ders), New York, 2010.

BUDİST

- Khyentse Rinpoche D., *The Heart Treasure of the Enlightened Ones: The Practice of Views, Meditation and Action: A Discourse Virtuous in the Beginning, Middle and End* (Aydınlanmışların Kalp Hazineleri: Görüşler, Meditasyon ve Eylem Alıştırması: Başında, Ortasında ve Sonunda Erdemli Bir Söylem), Boston, 1996.
- Nhat Hanh T., *Farkındalığın Mucizesi (Düşüncelerimizle Bedenimizi Birleştirmenin Yolu)*, İstanbul, 2008.
- Henepola Gunaratana B., *Mindfulness in Plain English* (Günlük İngilizceyle Farkındalık), Somerville, 1996.
- Mingyur Rinpoche Y., *The Joy of Living: Unlocking the Secret and Science of Happiness*, New York, 2007.
- Ricard M., *L'Art de la méditation* (Meditasyon Sanatı), Paris, 2008.
- Ricard M., *Chemins spirituels. Petite anthologie des plus beaux textes tibétains* (Ruhani Yollar. En İyi Tibet Yazmalarından Küçük Bir Antoloji), Paris, 2010.

BİLİMSEL

- Hanson R. ve Mendius R., *Zihin Kullanma Kılavuzu (Rahat ve Uzun bir Yolculuk İçin)*, İstanbul, 2011.
- Rosenfeld F., *Méditer, c'est se soigner* (Meditasyon Kendini İyileştirmektir), Paris, 2007.

PSİKOTERAPİK

- Fehmi L. ve Robbins J., *The Open-Focus Brain: Harnessing the Power of Attention to Heal Mind and Body* (Açık Dikkatli Beyin: Dikkatin Gücünü Beyin ve Vücudu İyileştirmek İçin Kullanmak), Boston, 2007.
- Maex E., *Mindfulness: apprivoiser le stress par la pleine conscience* (Farkındalık: Stresi Tam Farkındalıkla Ehlileştirmek), Brüksel, 2007.
- Kabat-Zinn J., *Full Catastrophe Living: Using the Wisdom of Your Body and Mind to Face Stress, Pain and Illness* (Tüm Felaketlerin İçinde Yaşamak: Vücudunun ve Bedenin Bilgeliğini Stres, Acı ve Hastalıkla Başa Çıkmak İçin Kullanmak), New York, 2009.
- Segal Z. ve diğerleri, *İyi Hissetme Sanatı (Kronik Mutsuzlukla Baş Etme Rehberi),* İstanbul, 2015.
- Williams M. ve diğerleri, *Farkındalık- Çılgın Bir Dünyada Huzur Bulmak İçin Pratik bir Rehber,* İstanbul, 2015 (Ücretsiz meditasyon CD'siyle birlikte).

BİRKAÇ İNTERNET SİTESİ

PSİKOTERAPİDE TAM FARKINDALIK ÜZERİNE

- Fransızca konuşanlar için kuruluş (uygulayıcıların listesiyle birlikte): www.association-mindfulness.org/
- Belçika, Louvain-la-Neuve Universitesi'nin tam farkındalıkla ilgili internet sitesi: www.cps-emotions.be/mindfulness/index.php
- A.B.D., Massachusetts Üniversitesi'nin tam farkındalıkla ilgili internet sitesi: www.umassmed.edu/cfm/index.aspx
- Galler, Bangor Üniversitesi'nin tam farkındalıkla ilgili internet sitesi: www.bangor.ac.uk/mindfulness/

KAYNAKÇA NOTLARI

ÖNSÖZ

Boşluk Değil, Mevcudiyet

- Rembrandt'ın tablolarına bakanların gözlerini eserin çeşitli kısımlarında istediği gibi nasıl gezdirdiği üzerine güzel bir bilimsel inceleme: DiPaola S. ve diğerleri, "Rembrandt's Textural Agency: A Shared Perspective in Visual Art and Science"(Rembrandt'ın Dokusallığı: Görsel Sanat ve Bilim Tarafından Paylaşılmış bir Görüş Açısı), *Leonardo,* sayı 43, no. 2, Nisan 2010, sf. 145-151.
- Schama S., *Rembrandt's Eyes* (Rembrandt'ın Gözleri), Londra, 2015.
- Wallace B.A. ve Shapiro S.L., "Mental Balance and Well-Being: Building Bridges Between Buddhism and Western Psychology" (Akli Denge ve Esenlik: Budizm ve Batı Psikolojisi Arasında Köprü Kurmak), *American Psychologist,* sayı 61, Ekim 2006, sf. 690-701.

1. FARKINDALIK KAZANMAK

Şimdiki zamanı yaşamak

- Wildenstein D., *Monet: Vie et oeuvre* (Monet: Hayatı ve Eserleri), cilt 4, Lozan, 1985.
- Henepola Gunaratana B., *Mindfulness in Plain English* (Günlük İngilizceyle Farkındalık), Somerville, 1996.

Kendi Bedeninde Yaşamak

- Watteau'nun tablosu hakkında: Cheng F., *Pèlerinage au Louvre* (Louvre'a Hac Yolculuğu), Paris, 2008.
- Davidson R.J. ve diğerleri, "Alterations in Brain and Immune Function Produced by Mindfulness Meditation" (Farkındalık Meditasyonu Sonucunda Beyin ve Bağışıklık İşlevlerinde Oluşan Değişiklikler), *Psychosomatic Medicine,* sayı 65, Temmuz-Ağustos 2003, sf. 564-570.
- Epel E.S., Daubenmier J., Moskowitz J.T., Folkman S. ve Blackburn E.H., "Can Meditation Slow Rate of Cellular Aging? Cognitive Stress,

Mindfulness, and Telomeres" (Meditasyon Hücre Yaşlanmasının Hızını Azaltabilir mi? Bilişsel Stres, Farkındalık ve Telomerler), *Annals of the New York Academy of Sciences,* sayı 1172, Ağustos 2009, sf. 34-53.

- Jacobs T.L., Epel E.S., Lin J., Blackburn E.H., Wolkowitz O.M., Bridwell D.A., Zanesco A.P., Aichele S.R., Sahdra B.K., MacLean K.A., "Intensive Meditation Training, Immune Cell Telomerase Activity, and Psychological Mediators" (Yoğun Meditasyon Eğitimi, Bağışıklık Hücrelerinin Telomer Aktivitesi ve Psikolojik Arabulucular), *Psychoneuroendocrinology,* Ekim 2010.; DOI: 10.1016/j psyneuen. 2010.09.010.

Gözlerini yumup dinlemek

- Yone Noguchi alıntısı *Sources de sagesse orientale* (Doğu Bilgeliğinin Kaynakları) seçkisindendir. Cenevre, 1975.

Düşüncelerini gözlemlemek

- Kollektif, *Peter Doig: Contemporary Artists* (Peter Doig: Modern Sanatçılar), Londra, 2006.
- Ricard M., *Mutluluğa Övgü,* İstanbul, 2007.

Duygularına bir alan tanımak

- Brinkmann B., *Cranach,* Londra, 2008.
- Raes F. ve diğerleri, "Mindfulness and Reduced Cognitive Reactivity to Sad Mood: Evidence From a Correlational Study and a Non-Randomized Waiting List Controlled Study" (Farkındalık ve Mutsuzluğa Verilen Azalmış Bilişsel Tepki: Korelasyonel bir Çalışma ve Yedek Listeli, Rastgele Olmayan, Kontrol Grubu Deneyinden Alınan Kanıtlarla), *Behaviour Research and Therapy,* sayı 47, Temmuz 2009, sf. 623-627.
- Farb N.A.S. ve diğerleri, "Minding One's Emotions: Mindfulness Training Alters the Neural Expression of Sadness" (Duygularla İlgilenmek: Farkındalık Eğitimi Üzüntünün Sinirsel Dışavurumlarını Değiştiriyor), *Emotion*, sayı 10, Şubat 2010, sf. 25-33.

Farkındalığını artırmak için dikkatini açmak

- Marijnissen R.-H., *Bosch,* Paris, 1996.
- Shabkar, *The Life of Shabkar: The Autobiography of a Tibetian Yogi* (Shabkar'ın Hayatı: Bir Tibet Yogi'sinin Otobiyografisi), Somerville, 1999. Ayrıca: *Poèmes tibétains de Shabkar* (Shakbar'ın Tibet Şiirleri), Paris, 2001.

- Farkındalık üzerine araştırmaların en yeni ve en heyecan verici olanlarından biri için, Christof Koch, *The Quest for Consciousness: A Neurobiological Approach* (Farkındalık Arayışı: Nörobiyolojik bir Yaklaşım), Kolorado, 2006. Ya da, Antonio Damasio, *Self Comes to Mind: Constructing the Conscious Brain* (Benlik Zihne Geliyor: Farkındalıkla Dolu Beyni Oluşturmak), New York, 2010. Ayrıca kolay anlaşılır ve özenli bir özet için Philippe Presles, *Freud'ü İlgilendirmeyen Her Şey-Bilincin Uyanışı*, İstanbul, 2013.
- William James'in dikkatle ilgili cümlesi : *"[Dikkat] birden fazla gibi görünen olası nesne ve düşüncelerin arasında zihnin kontrolünü, açık ve canlı olarak ele almaktır.[...] Diğerleriyle etkili bir şekilde başa çıkmanız için bazılarından uzaklaşmak anlamına gelir."* Şuradan alınmıştır: *The Principles of Psychology*, sayı. 1, 1890, bölüm 11, sf. 403-404.
- MacLean K.A. ve diğerleri, "Intensive Meditation Training Improves Perceptual Discrimination and Sustained Attention" (Yoğun Meditasyon Eğitimi Algılamada Ayırt Etmeyi ve Dikkatini Verme Yeteneğini Arttırıyor), *Psychological Science*, sayı 21, Haziran 2010, sf. 829-839.
- Anksiyete ve depresyon bozukluklarında dikkate dayalı alıştırmalar üzerine pek çok inceleme bulunmaktadır. Fransızcadaki, kızarma korkusuna karşı uygulanmış iyi bir örnek için, Antoine Pelissolo ve Stéphane Roy, *Ne plus rougir et accepter le regard des autres* (Kızarmaya Bir Son Vermek ve Başkalarının Bakışlarını Kabul Etmek), Paris, 2009.
- Psikotoksik çevreler hakkında: André C. *"Consommer moins pour exister mieux!"* (Daha İyi Var Olmak İçin Daha Az Harcamak), *Cerveau & Psycho*, sayı 36, Mayıs-Haziran 2010, sf. 16-17.

Yalnızca bir mevcudiyet olmak

- Cuzin J-P. ve Salmon D., *Georges de La Tour, histoire d'une redécouverte* (Georges de la Tour, Bir Yeniden Buluşun Hikâyesi), Paris, 1997.
- Quignard P., *Georges de La Tour*, Paris, 2005.
- Augustinus, *İtiraflar*, İstanbul, 2010.
- Mezmurlar, Tevrat.
- De Mello A., *Sadhana, A Way to God: Christian Exercises in Eastern Form* (Sadhana, Tanrı'ya bir Yol: Doğu Formunda Hıristiyan Egzersizleri), New York, 1984

- Aziz Loyolalı İgnatius, *The Spiritual Exercises of Saint Ignatius* (Aziz İgnatius'un Ruhani Egzersizleri), New York, 1964.
- Quignard P., *La Nuit et le silence* (Gece ve Sessizlik), Paris, 1995.

2. ZİHNİN GÖZLERİNİ SONUNA KADAR AÇARAK YAŞAMAK

Görünmez olanı görmek

- Bott G.C., *Nature morte* (Natürmort), Cologne, 2008.
- Comte-Sponville A., *Chardin, ou la matière heureuse* (Chardin ya da Mutluluk Unsuru), Paris, 1999.
- Prigent H. et Rosenberg P., *Chardin: An Intimate Art* (Chardin: Mahrem bir Sanat), New York, 1999.
- Schneider N., *Les Natures mortes* (Natürmortlar), Cologne, 2009.

Önemli olanı görmek

- "Kısa düşünceler" ile ilgili alıntı için Tiziano Terzani, *La fine è il mio inizio* (Son Benim Başlangıcımdır), Milano, 2006.
- Thoreau H.D., *The Journal of Henry David Thoreau* (Henry David Thoreau'nun Günlükleri), New York, 2009.
- Thoreau H.D., *Life Without Principle* (Prensipsiz Yaşam), Londra, 2008
- Thoreau H.D., *Walden-Ormanda Yaşam*, İstanbul, 2014.
- Cioran, *Notebooks* (Defterler), New York, 2010.
- Des Forêts L.-R., *Pas à pas jusqu'au dernier* (Sona Kadar Adım Adım), Paris, 2001.
- Materyalizm hakkında: Kasser T., *Para Var Huzur Yok*, İstanbul, 2013. Pélegrin-Genel E., *Des souris dans un labyrinthe. Décrypter les ruses et manipulations de nos espaces quotidiens* (Labirentteki Fareler. Gündelik Yaşam Alanlarımızdaki Hileleri ve Etkilemeleri Deşifre Etme), Paris, 2010. Raynor H.A. ve Epstein L.H., "Dietary Variety, Energy Regulation, and Obesity" (Diyette Çeşitlilik, Enerji, Düzenleme ve Obezite), *Psychological Bulletin*, sayı 127, numara 3, Mayıs 2001, sf. 325-341. Schwartz B., *Bolluk Paradoksu*, İstanbul, 2008.
- De Foucauld J.-B., *L'Abondance frugale. Pour une nouvelle solidarité* (Tutumlu Bolluk. Yeni Bir Toplum İçin), Paris, 2010.
- Materyalizmle mücadele için bazı internet siteleri: www.commercialfreechildhood.org www.simpleliving.net http://simplicitevolontaire.info www.bap.propagande.org

Eyleme geçmek ve geçmemek

- Proudhon, *Du principe de l'art et de sa destination sociale* (Sanatın İlkesi ve Sosyal Geleceği Hakkında), Paris, 2002.
- Hareketsizlikle ilgili alıntı için Jacques Castermane, *La Sagesse exercée* (Uygulanmış Sakinlik), Paris, 2005.
- Eylemin psikoterapide kullanımı hakkında:
  Sağlık uzmanları için: Martell C.R. ve diğerleri, *Behavioral Activation for Depression. A Clinician's Guide* (Depresyon İçin Davranışsal Aktivasyon. Klinisyenler için bir Rehber), New York, 2010.
  Hastalar için: Addis M.E. ve Martell C.R., *Overcoming Depression One at a Time: The New Behavioral Activation Approach to Getting Your Life Back* (Depresyonla Teker Teker Başa Çıkmak: Hayatınızı Geri Almanız için Yeni Davranışsal Aktivasyon Yöntemi), Oakland, 2004.

Zihnini bilemek

- Buck S., *Hans Holbein: Masters of German Art* (Hans Holbein: Alman Sanatı'nın Ustaları), Cologne, 1999.
- Moore A. ve Malinowski P., "Meditation, Mindfulness and Cognitive Flexibility" (Meditasyon, Farkındalık ve Bilişsel Esneklik), *Consciousness and Cognition,* sayı 18, numara 1, Mart 2009, sf. 176-186.
- Nielsen L. ve Kaszniak A.W., "Awareness of Subtle Emotional Feelings: a Comparison of Long-Term Meditators and Nonmeditators" (Anlaşılması Zor Duyguların Farkındalığı: Uzun Süredir Meditasyon Yapanlarla Meditasyon Yapmayanlar Arasında Bir Karşılaştırma), *Emotion,* sayı 6, Ağustos 2006, sf. 392-405.
- Piaget J., *Çocuğun Gözüyle Dünya,* İstanbul, 2005.
- Freud alıntısı için, *Psikanaliz Üzerine,* İstanbul, 2000.
- Thich Nhat Hanh alıntısı için Nhat Hanh T., *Farkındalığın Mucizesi (Düşüncelerimizle Bedenimizi Birleştirmenin Yolu)*, İstanbul, 2008.
- Simone Weil alıntısı (ve bu kitapta yer alan diğer alıntıları) için *Yerçekimi ve Tanrı'nın Lütfu*, Ankara, 1999.
- Budist kavramlarını geliştirmek için: Khyentse Rinpoche D., *The Heart Treasure of the Enlightened Ones: The Practice of Views, Meditation and Action: A Discourse Virtuous in the Beginning, Middle and End* (Aydınlanmışların Kalp Hazineleri: Görüşler, Meditasyon ve Eylem Alıştırması: Başında, Ortasında ve Sonunda Erdemli Bir Söylem),

Boston, 1996. Nhat Hanh T., *Buda'nın Öğretisi,* İstanbul, 2002. Midal F., *ABC du bouddhisme. Apprendre à méditer, travailler sur soi, ouvrir son coeur* (Budizmin ABC'si. Meditasyon Yapmayı, Kendinin Üzerinde Çalışmayı, Kalbini Açmayı Öğrenmek), Paris, 2008 ("Gerçeğin parıltısı" ile ilgili alıntı bu eserdendir). Midal F., *Quel bouddhisme pour l'Occident ?* (Batı İçin Bir Budizm Var mı?), Paris, 2006.

Var olanı anlamak ve kabullenmek

- "Bir şeyleri kabullenmenize gerek yok ki, onlar zaten vardırlar" alıntısı için Prakash S. *L'Expérience de l'unité. Dialogues avec Svâmi Prajnânpad,* (Birlik Deneyimi. Svami Prajnanapada'yla Sohbetler), Paris, 1986.
- "Bilgelik ve karşı çıkanlar" hakkındaki alıntı için Jonathan Haidt, *Mutluluğun Varsayımı: Modern Gerçekliği Kadim Bilgelikte Bulmak,* İstanbul, 2014.
- Kabullenme hakkındaki düşünceleri geliştiren eseler için: Comte-Sponville A., *De l'autre côté du désespoir. Introduction à la pensée de Svâmi Prajnânpad* (Umutsuzluğun Öteki Tarafında. Svami Prajnanapada), Paris, 1997. Castermane J., *La Sagesse exercée,*op. cit. Krisnamurti, *Bilinenden Kurtulmak,* İstanbul, 2009. Prakash S., *L'Expérience de l'unité. Dialoues avec Svâmi Prajnânpad,* op. cit.

3. FIRTINALARI AŞMAK

Zihnindeki hapishanelerden kurtulmak

- Acı hakkında: Deneyimli zen meditasyoncularında gözlemlenen değişmeler korteksin kalınlığının, özellikle de acının algılanmasında etkili olan ACC (*anterior cingulate cortex*) ve somatosensoryel korteks kuşaklarında artmış olmasıdır. Grant J.A. ve diğerleri, "Cortical Thickness and Pain Sensitivity in Zen Meditators" (Zen Meditasyoncularında Korteks Kalınlığı ve Acı Hassasiyeti), *Emotion,* sayı 10, Şubat 2010, sf. 43-53. Speca M. ve diğerleri, "A Randomized, Wait-List Controlled Trial: The Effect of Mindfulness Meditation-Based Stress Reduction Program on Mood and Symptoms of Stress in Cancer Outpatients" (Rastgele, Yedek Listeli, Kontrol Gruplu Deney: Ayakta Tedavi Gören Kanser Hastalarının Ruh Hali ve Stres Semptomları Üzerine Farkındalık Meditasyonu Merkezli Stres Azaltımı Programının Etkisi), *Psychosomatic Medicine,* sayı 62, Eylül-Ekim 2000, sf. 613-622. Morone

N.E. ve diğerleri, "Mindfulness Meditation for the Treatment of the Chronic Low Back Pain in Older Adults" (Yaşlılarda Kronik Bel Ağrıları Tedavisi Olarak Farkındalık Meditasyonu), *Pain,* sayı 134, numara 3, Şubat 2008, sf. 310–319.

- Beyinde tam farkındalık uygulamasına bağlı olarak görülen değişmeler hakkında: Luders E. ve diğerleri, "The Underlying Anatomical Correlates of Long-Term Meditation: Larger Hippocampal and Frontal Volumes of Gray Matter" (Uzun Zamanlı Meditasyonun Altında Yatan Anatomik Bağlantılar: Gri Maddenin Hippokampusunun ve Frontal Lobunun Büyümesi), *NeuroImage,* sayı 45, Nisan 2009, sf. 672-678. Lutz A. ve diğerleri, "Long-Term Meditators Self-Induce High-Amplitude Gamma Synchrony During Mental Practice" (Uzun Zamandır Meditasyon Yapanların Meditasyon Uygulaması Sırasında Kendiliğinden Yüksek Genlikteki Gamma Senkronu Oluşturması), *PNAS,* sayı 101, numara 46, Kasım 2004, sf. 16369-16373. Rubia K., "The Neurobiology of Meditation and Its Clinical Effectiveness in Psychiatric Disorders" (Meditasyonun Nörobiyolojisi ve Psikiyatrik Hastalıklardaki Klinik Etkisi), *Biological Psychology,* sayı 82, numara 1, Eylül 2009, sf. 1-11.
- "Hapis ve parmaklıklar" alıntısı için *Jollien, A., Le Philosophe nu* (Çıplak Filozof), Paris, 2010.
- Kuruntular hakkında, sağlık profesyonelleri için: Papageorgiou C. ve Wells A. (ed.), *Depressive Rumination* (Depresif Derin Düşünce), New York, 2004. Davey G.C.L. ve Wells A. (ed.), *Worry and Its Psychological Disorders* (Kaygı ve Psikolojik Hastalıklar), New York, 2006.

Kontrolü bırakmak

- Lemoine S. (yönetimi altında), *De Puvis de Chavannes à Matisse et Picasso. Vers l'art moderne* (Puvis de Chavannes'dan Matisse ve Picasso'ya. Modern Sanata Doğru), Paris, 2002.

Dünyada mevcut kalmak

- Marijnissen R.-H., *Bruegel. Tout l'oeuvre peint et dessiné* (Bruegel. Tüm resim ve çizimleriyle), Paris, 2003.

Yaralıyken bile ilerlemek

- Sağlık profesyonelleri için tam farkındalığın anksiyete ya da depresyon bozukluklarındaki kullanımı üzerine klasik ya da yeni birkaç inceleme referansı: Teasdale J.D. ve diğerleri, "Prevention of Relapse/ Recurrence in Major Depression by Mindfulness-Based Cognitive Therapy" (Farkındalık Merkezli Bilişsel Terapiyle Majör Depresyonun Nüksetmesini Engelleme), *Journal of Consulting and Clinical Psychology*, sayı 68, numara 4, Ağustos 2000, sf. 615-623. Kuyken W. ve diğerleri, "Mindfulness-Based Cognitive Therapy to Prevent Relapse in Recurrent Depression" (Tekrarlayan Depresyonda Nüksetmeyi Engellemek için Farkındalık Merkezli Bilişsel Terapi), *Journal of Consulting and Clinical Psychology*, sayı 76, numara 6, Aralık 2008, sf. 966-978. Segal Z. ve diğerleri, "Antidepressant Monotherapy Versus Sequential Pharmacotherapy and Mindfulness-Based Cognitive Therapy, or Placebo, for Relapse Prophylaxis in Recurrent Depression" (Nükseden Depresyona Yönelik Koruyucu Yöntemler Olarak Antidepresan Tekli Terapi Karşısında Dizisel Farmakoterapi ve Farkındalık Merkezli Bilişsel Terapi ya da Plasebo), *Archives of General Psychiatry*, 2010. Barnhofer T. ve diğerleri, "Mindfulness-Based Cognitive Therapy as a Treatment for Chronic Depression: A Preliminary Study" (Kronik Depresyonda Tedavi Yöntemi Olarak Farkındalık Merkezli Bilişsel Terapi: Bir Ön Çalışma), *Behaviour Research and Therapy*, sayı 47, numara 5, Mayıs 2009, sf. 366-373. Kenny M. ve Williams J.M.G., "Treatment-Resistant Depressed Patients Show a Good Response to Mindfulness-Based Cognitive Therapy" (Tedaviye Cevap Vermeyen Depresyon Hastaları Farkındalık Merkezli Bilişsel Terapiye İyi Cevaplar Veriyor), *Behaviour Research and Therapy*, sayı 45, numara 3, Mart 2007, sf. 617-625.

- Sağlık profesyoneli olmayan okurlarımız için de bir tavsiye: Bugüne kadar meditasyonun herhangi bir biçim altında ruhsal (ya da başka türden) hastalıkların tedavisinde bir araç olarak düşünülebilmesi için yeterli kanıt sağlanamamıştır. Buna karşılık nüksetmenin önlenmesinde, yani kişilerin kırılganlıklarını ve geçmişlerini göz önünde bulundurarak mümkün olan en iyi sağlık durumlarının korunmasında iyi bir araç olabildiğini kanıtlamıştır. Eğer siz ya da yakınlarınızdan biri psikiyatrik bir hastalığa sahipseniz meditasyon size yardımcı olacaktır ancak sizi tedavi edemez.
- Berghmans C. ve diğerleri, "La méditation comme outil psychothérapique complémentaire: une revue de question" (Yardımcı Psikoterapik Bir

Araç Olarak Meditasyon: Soruların İncelenmesi), *Journal de thérapie comportementale et cognitive,* sayı 19, numara 4, Aralık 2009, sf. 120-135.

Gizeme boyun eğmek

- Hood W., *Fra Angelico at San Marco* (San Marco'daki Fra Angelico), New Haven, 1993.
- Spike J., *Fra Angelico,* Paris, 2003.
- Viktor Frankl alıntısı şu güzel eserdendir: Tzvetan Todorov, *Face à l'extrême* (Aşırılıkla Yüz Yüze), Paris, 1994 (sf. 99).
- Ayrıca bakınız Viktor Frankl, *Trotzdem Ja zum Leben sagen: Ein Psychologe erlebt das Konzentrationslager* (Ne Olursa Olsun Hayata Evet Deyin: Bir Psikologun Toplama Kampında Yaşadıkları), Münih, 1946.
- Phillips A., *Trois capacités négatives* (Üç Negatif Yetenek), Paris, 2009.
- Güneş tarafından gizlenen yıldızlar benzetmesi için André Comte-Sponville, *L'Esprit de l'athéisme. Introduction à une spiritualité sans Dieu* (Ateizmin Ruhu: Tanrısız Bir Ruhaniliğe Giriş), Paris, 2006.

Mutluluğun usulca belirmesini görmek

- André C., *Les États d'âme. Un apprentissage de la sérénité* (Ruhun halleri. Bir sakinlik eğitimi), Paris, 2009.
- Mutluluk konusundaki Çin bakış açısını geliştirmek için: Dan Y., *Le Bonheur selon Confucius. Petit manuel de sagesse universelle* (Konfüçyus'a Göre Mutluluk. Evrensel Bilgeliğin Küçük El Kitabı), Paris, 2009. Jullien F., *Vital Nourishment: Departing from Happiness* (Hayati Besin: Mutluluktan Yola Çıkmak), New York, 2007.
- Mutluluk ve farkındalık hakkındaki Camus alıntısı için *Tersi ve Yüzü,* İstanbul, 1988.
- Etty Hillesum alıntısı için *An Interrupted Life* (Bölünmüş Bir Hayat), Londra, 1996.
- Yevgenya Ginzburg alıntısı için *Le Vertige* (Baş Dönmesi), ciltler 1 ve 2, Paris, 1997.
- Wood A.M. ve Joseph S., "The Absence of Positive Psychological (Eudemonic) Well-Being as a Risk Factor for Depression: A Ten Year Cohort Study" (Pozitif Psikolojik Esenliğin Yokluğunun Depresyon İçin Bir Risk Oluşu: On Yıllık Bir Toplu Çalışma), *Journal of Affective Disorders,* sayı 122, numara 3, Mayıs 2010, sf. 213-217.
- Brown K.W. ve Ryan R.M., "The Benefits of Being Present: Mindfulness

and Its Role in Psychological Well-Being" (Mevcut Olmanın Yararları: Farkındalık ve Psikolojik Esenlikteki Rolü), *Journal of Personality and Social Psychology,* sayı 84, numara 4, Nisan 2003, sf. 822-884.

4. AÇILIŞLAR VE UYANIŞLAR

Çalışmak

- Perec G., *Espèces d'espaces* (Alanların Türleri), Paris, 1974.
- Barbera G., *Antonello de Messine,* Paris, 1999.
- Zundel M., *Vie, mort, résurrection* (Yaşam, Ölüm, Diriliş), Montreal, 2001.
- "Tam Farkındalık Çanı" Thich Nhat Hanh tarafından kurulmuş ünlü Erik Ağaçları Köyü'nün bir kurumudur. Bilgi için: http://villagedespruniers.net/

Seyre dalmak

- Hofmann W., *Caspar David Friedrich,* Paris, 2005.
- André Comte-Sponville alıntısı için *Dictionnaire philosophique* (Felsefe Sözlüğü), Paris, 2001.
- *Dictionnaire des mots de la foi chrétienne* (Hıristiyanlık İnancı Sözlüğü), Paris, 1989.
- Christian Bobin alıntısı yazarın *Le Monde des religions* için yazdığı makalelerden birindendir: "Le prophète au souffle d'or" (Altın Nefesli Peygamber), Mayıs-Haziran 2010.
- Jossua J.-P., *Seul avec Dieu. L'aventure mystique* (Tanrı'yla Başbaşa. Mistik Macera), Paris, 1996.
- Panikkar R., *Le Silence du Bouddha. Une introduction à l'athéisme religieux* op. cit.
- Doğa ve biyofiliyle olan bağı hakkında: Éric Lambin, *Une écologie du bonheur* (Mutluluğun Ekolojisi), Paris, 2009.

Sevmek

- Simeon'un Meryem'e söyledikleri için *İncil,* Lukka 2: 34-35.
- Roscam Abbing M., *Rembrandt,* Paris, 2006.
- Özgeci sevgi ile ilgili meditasyonların ayrıntıları özellikle şu meditasyon eserinde bulunabilir: Ricard M., *L'Art de la méditation* (Meditasyon Sanatı), Paris, 2008.

- Merhametin psikoterapide kullanılması hakkında özet için bakınız: Gilbert P., *Compassion Focused Therapy* (Merhamet Merkezli Terapi), Londra, 2010. Gilbert P. (ed.), *Compassion. Conceptualisations, Research and Use in Psychotherapy* (Merhamet. Psikoterapide Kavramsallaştırmanın Araştırma ve Uygulanışı), Londra, 2005.

Ayrıca özgeci meditasyonun başkalarıyla olan bağları iyileştirdiğini gösteren şu özgün araştırma: Hutcherson C.A. ve diğerleri, *"Loving-Kindness Meditation Increases Social Connectedness"* (Sevgi-İyilik Meditasyonu Sosyal Bağlılığı Kuvvetlendiriyor), *Emotion,* sayı 8, numara 5, Ekim 2008, sf. 720-724.

Benliğinin genişlemesini ve yok oluşunu deneyimlemek

- Paquet M., *Magritte,* Cologne, 2005.
- Gohr S., *Magritte: Attempting the Impossible* (Magritte: İmkânsızı Denemek), Anvers, 2009.
- Sylvester D., *Magritte,* Arles, 2009.
- Meuris J., *René Magritte,* Cologne, 2007.
- Teilhard de Chardin P., *Le Phénomène humain* (İnsan Fenomeni), Paris, 1965.
- "Her şeyi terk et, tanıdığın herkesi terk et..." alıntısı için Tiziano Terzani, *La fine è il mio inizio,* op. cit.
- Comte-Sponville A., *L'Esprit de l'athéisme. Introduction à une spiritualité sans Dieu,* op. cit.
- Lenoir F. ve Tardan-Masquelier Y., *Le Livre des sagesses. L'aventure spirituelle de l'humanité* (Bilgeliklerin Kitabı. İnsanlığın Ruhani Macerası), Paris, 2005.
- Psikolojik acılardan pek çoğunun, kişinin kendisi üzerine aşırı odaklanmasına bağlı olduğunu gösteren çalışmalara bir örnek olarak: Way B.M. ve diğerleri, "Dispositional Mindfulness and Depressive Symptomatology: Correlations With Limbic and Self-Referential Neural Activity During Rest" (Ruhsal Farkındalık ve Depresif Semptomatoloji: Gevşeme Sırasında Limbik ve Özgöndergesel Sinirsel Etkinlik), *Emotion,* sayı 10, numara 1, Şubat 2010, sf. 12-24.

Evrensel farkındalık

- Büttner N., *L'Art des paysages* (Peyzaj Sanatı), Paris, 2007.

TEŞEKKÜRLER

Koşulsuz desteği, bakışı ve duyarlılığı için Sophie de Sivry'ye teşekkürler. Bu sayfalar güzelliklerini ona borçlular. Eğer küçük bir sanat eseri olan bu kitap gözlerinize hoş geliyorsa bu onun sayesindedir.

Catherine Meyer'a dostça yaklaşımı, sezgileri ve tavsiyeleri için teşekkürler. Beni mümkün olan en belirgin ve en çağrıştırıcı yazıya o zorladı. Eğer bu kitap size bir şeyler söylüyor, size dokunuyorsa bu onun sayesindedir.

Ve her ikisine de bu kitabın önce tasarlanması sonra da yazılması için elverişli olan koşulları ve zamanı yarattıkları için teşekkürler.

Bütün bunlar ve geri kalan her şey için teşekkürler.

BU CD İLE MEDİTASYON YAPMAK İÇİN 10 TAVSİYE

❶ Tam farkındalık basit ve herkesin uygulayabileceği bir meditasyon yöntemidir. Yalnızca düzenli olarak uygulanması çaba gerektirir!

❷Bir hareket noktası: Durmak, oturmak ve gözlerini yummak (ya da belirli bir yere bakmadan yarı kapalı tutmak). Sonra da bedenimizde ve zihnimizde olanları gözlemlemek ve karşılamak.

❸ Başlamak için özel malzemelere gerek yok: Rahat giysiler ve bir iskemle yeterlidir.

❹ Başlangıçta alıştırmaları sessiz ve sakin bir köşede yapmak daha iyi olur. Sonradan meditasyon hemen hemen her yerde yapılabilir.

❺ CD yoluyla kılavuzluk edilen meditasyonlar her düzeye uygun, uzun ya da kısa alıştırmalar sunar.

❻ Her bir meditasyonu açıklamak için küçük bir giriş yapılacak, sonrasında alıştırmayı dinlemek yeterli olacaktır.

❼ Her aşamada size yol gösterilecektir. Düşünmek yerine hissetmeye, yapmak yerine olmaya çalışın. Sessizlik anları size kendi deneyiminizle bağlantı kurmanızda yardımcı olacaktır.

❽ Meditasyon kimi zaman bizi dinginleştirebilir. Ancak kimi zaman da rahatsızlık verecek, bize acı veren şeylerle farklı bir ilişki kurmamızı öğretecektir. Bu nedenle ondan özellikle bir şey beklememek daha doğru olur: Kimi zaman çok hoşunuza gidecek, kimi zaman fazla gitmeyecektir. Ama eğer deneyimimize karşı dikkatli kalırsak her zaman yararlı olacaktır.

❾ Meditasyon için her an uygundur ama güne birkaç dakika alıştırma yaparak başlamak, konsantrasyon ve duygusal denge yeterliliklerimizi uyandırmamıza ve geliştirmemize yarar.

❿ Bütün çıraklıklarda olduğu gibi meditasyonda da alıştırma yaptıkça ilerleriz. Ancak kimi günler alıştırmaları yapmakta zorlanmamız, hiç ilerleyemiyormuşuz duygusuna kapılmamız normaldir. Ayrıca yaşamımızın belli anlarında alıştırma yapmayı bırakmak ve sonra yeniden başlamak da normaldir. Hepimiz bu yoldan geçtik.